Ⓢ新潮新書

吉村 昭
YOSHIMURA Akira

漂流記の魅力

002

新潮社

目次／漂流記の魅力

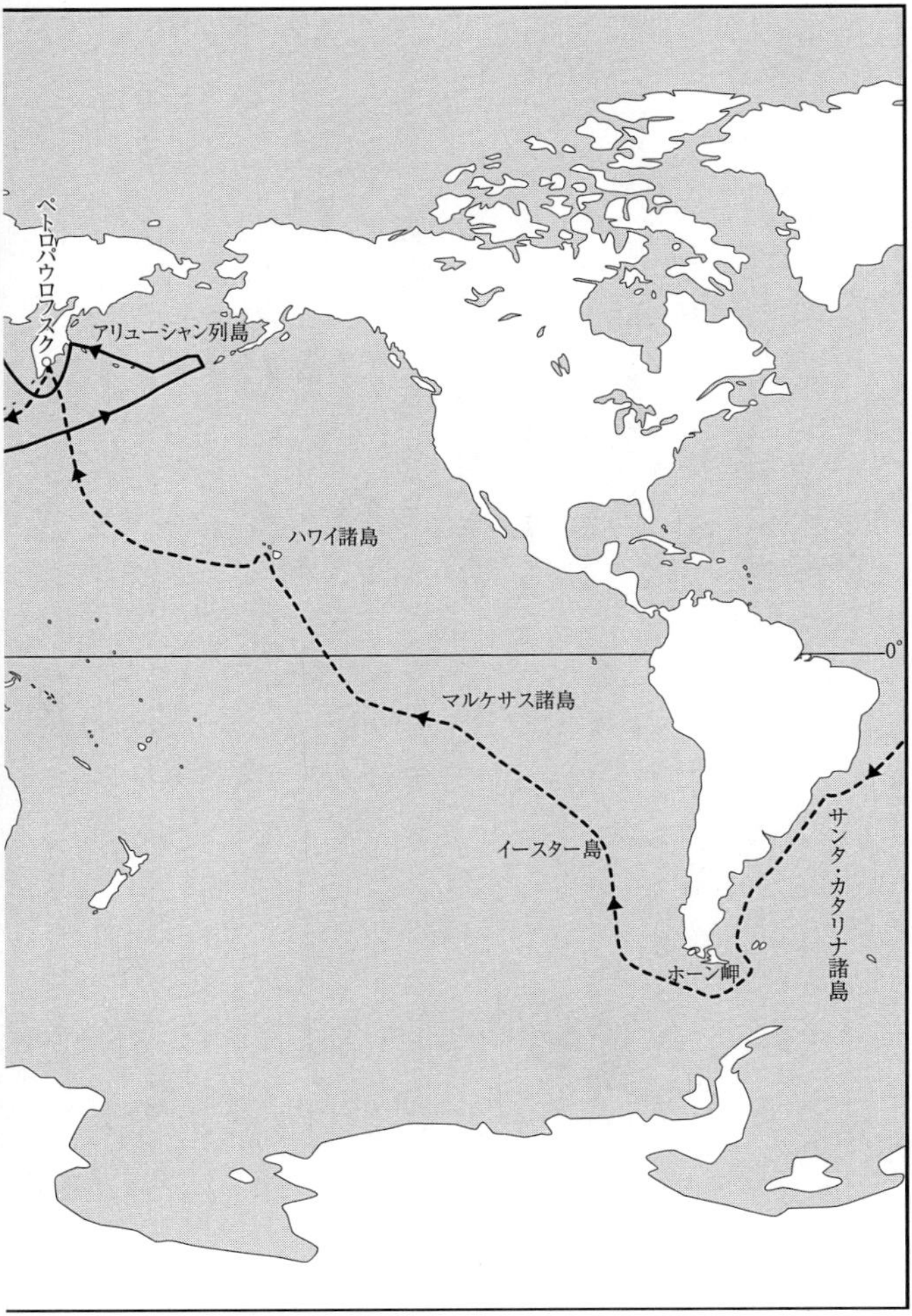

ペトロパウロフスク
アリューシャン列島
ハワイ諸島
0°
マルケサス諸島
イースター島
サンタ・カタリナ諸島
ホーン岬

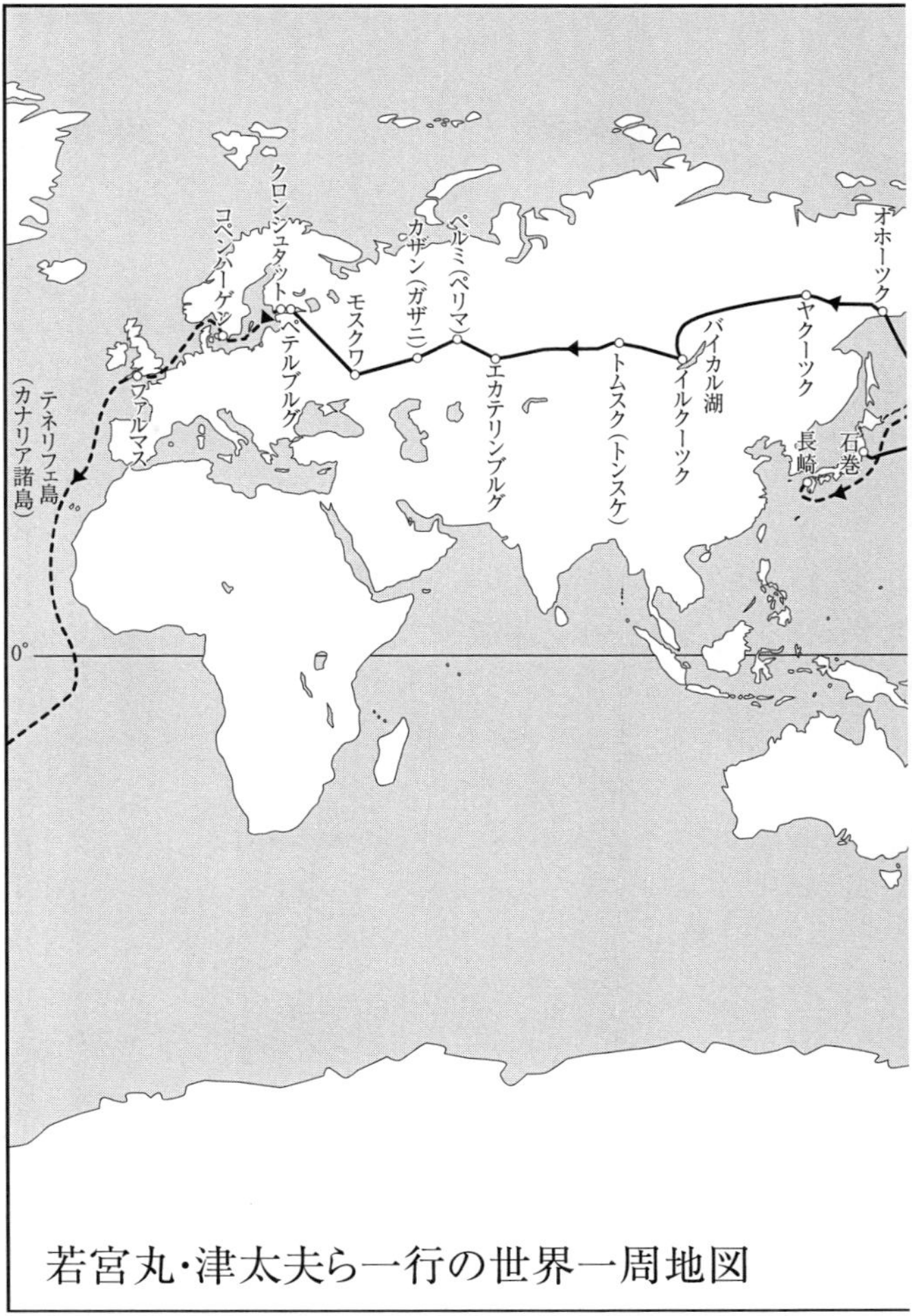

若宮丸・津太夫ら一行の世界一周地図

第一章　海洋文学

イギリスと日本

帆船時代、イギリスでは多くの海洋文学と言われる小説や詩がうまれた。

海は、奥底知れぬ神秘的なものを秘め、ある時は湖のようにおだやかな姿を見せているかと思うと、気象の急激な変化で風がはしり、高々とそびえる波浪が乱れくるう世界と化す。海には大小さまざまな島々が点在し、そこには未知の人や生き物がいる。

帆船は、マストに多くの帆を展張させて港から海に進み出る。その時から船に乗った人々は、予想もつかぬ物事を見聞し、出来事にも遭遇して、それによって規模の大きい多彩な海の物語がくりひろげられる。

私は、十代の頃、『ロビンソン・クルーソー』に代表されるイギリスの海洋小説に興味をいだき、海の輝き、くだけ散る波しぶき、潮の濃い匂いを感じとった。

イギリスに海洋文学が出現し、それが伝統としてうけつがれたのは、当然のことながら周囲が海にかこまれた島国だからである。政治、経済、文化、社会生活などすべてが海と密接な関連を持っていて、自然発生的に海洋文学がうまれたのである。

『ロビンソン・クルーソー』が、イギリスの小説家ダニエル・デフォーによって書かれて出版されたのは一七一九年で、日本では徳川八代将軍吉宗の時代にあたる。

日本は、イギリスと同じように周囲を海にかこまれ、規模もほとんど変らぬ島国である。

江戸時代の文化度は高く、多くの小説（物語）や詩にぞくする和歌、俳句が人々の間に深くしみわたり、歌舞伎に代表される演劇もさかんであった。当然、イギリスの海洋文学に相当する文学作品がつぎつぎに登場しても不思議はないが、江戸時代の終りを告げる明治維新まで、さらにその後も海を舞台にした作品は皆無である。

むろん海の情景を描写した物語はあるが、それは陸地から見た手近の海であり、和歌、俳句でもそれは変りはない。江戸時代の文筆にいそしむ者の眼は、常に内陸部にむけられていて、海はそのはずれにあるものとしてしか映じていない。

海洋国家である日本に、海洋文学がなきにひとしい現象をいぶかしむ文芸評論家もあり、それをイギリスと日本の国民性、経済背景などの相違によるものではないかと憶測している。あってしかるべき海洋文学が皆無であることを嘆き、不思議としか言いようがない、と書いている。

しかし、このような考え方は、基本的に大きな過ちをおかしているのではないだろうか。イギリス流の海洋文学が日本に見られぬ原因は、イギリスと日本の船の構造、性格のちがいによるもので、そうした観点からみれば、おのずと明解な答が得られる。

イギリスをはじめとした西洋諸国の船は、いわゆる帆船である。

二本または三本の帆柱（マスト）に多くの帆を展張して洋上を進む。その構造は、外洋航海を可能とする大型のもので、はるか遠くの海域にまで達することができる。その航海範囲は、世界の至る所におよび、それによって壮大な海を舞台とした海洋文学がうまれた。

これらの帆船とくらべて、弁才船《べざいぶね》と称される和船は、外洋航海には不適な、もっぱら内海航路を航行することのみを目的に設計、建造されたもので、基本的に性格が異なる。地見《じみ》航海と言って、絶えず陸岸を視認して岸ぞいに往き来する船であるため、帆船による広大な海を舞台にしたドラマは起るはずもなく、イギリスのような海洋文学はうまれなかったのである。

岩手県江刺市の愛宕神社に奉納された船絵馬。奥州石巻の「若宮丸」と同型で、帆柱一本の和船である（上、撮影著者）。下は、若宮丸の水主四人を乗せて長崎港に入った、帆柱三本のロシア船「ナジェジダ号」。長崎警備の各藩船に囲まれている（国立公文書館蔵『環海異聞』より——以下、〈国公〉と略す）

江戸時代、和船は、荷を運搬する上で最高の機能を発揮する媒体であった。船は、日本全国の沿岸を移動し、港に入っては荷を積み、そしておろす。年を追うごとに、それらを出入港させる港湾の設備は整備され、航路も一部をのぞいて確立し、元禄時代にほぼ完成の域に達した。

つまり内海航路の形態が確立し、その充実度は世界屈指のものとなったのである。和船が外洋航海を不可能とする構造であったのは、鎖国をかたく守る幕府の政策によるものだという説がある。これについては、和船研究の権威である石井謙治氏が、『図説・和船史話』（至誠堂）の中で確証はないとして、金指正三氏の『日本海事慣習史』（吉川弘文館）にふれている。

金指氏は、当時の幕府の禁令中にそうしたものがないことから、制限は一切なかったとしており、石井氏も「ほぼ同様の意見をもっている」と記している。

明治維新以後、歴史は勝者によってつくられるという傾向がみられ、敗者であった幕府はあらぬ非難にさらされた。幕府のさだめた国法――鎖国も悪しきものとされ、ことあるごとに「鎖国の悲劇」などという表現がみられる。

それは和船の構造にもおよび、外洋航海に適さぬ船の構造も、鎖国令をしく幕府の意向とされている節がある。こうした多くみられる説を、石井、金指両氏は、客観的な眼から否定している。

私も、両氏の意見を正しいと思う。

日本各地で産する物は豊富で種類も多く、自国の生産物で十分に事足りた。鎖国政策で海外諸国との通商は禁じられていたが、もともと外国の地の産物を積極的に導入する必要はなかったのである。

中国、オランダ二国との交易は許されていて、それらの国から交易品が輸入されはしていたが、日本経済を左右するような品々はない。日本は、海外の物品を輸入しなければならない状況にはなかったのである。

船による運搬

船による日本各地の荷の交流はさかんで、それが主流であったが、むろん荷の運搬が陸路をたどることもある。しかし、経費の点で船による運搬には遠くおよばない。

たとえば、越後国（新潟県）から江戸へ千俵の米を送るとする。現在の常識ではむろん陸送だが、当時はそのような方法はとらず、ほとんど不可能であった。

千俵の米を陸路送るには、五百頭の馬の背に二俵を振り分けにして進む。馬には、馬引きの男が五百人つき、一日の行程を終えて宿場につくと、馬の背から米俵をおろして保管料を支払って蔵にはこび入れる。

次の日には、再び蔵から出した米俵を馬にくくりつけ、そして進む。この間、馬引きの男には賃金を払い、馬には飼料をあたえなければならない。この繰返しの末に江戸へたどりつくまでには、莫大な経費を要する。

それに陸路には、多くの障害がある。山岳地帯にかかれば、険しい道をたどらねばならない。至る所に川や沼があり、橋のかかっていない川も多く、それらに行手をはばまれ、さらに数多くの関所で検問を受ける。こうしたことから、陸路で荷をはこぶことができるのは、近距離にかぎられた。

そのような莫大な経費の点と陸路の障害があって、陸送は困難、または不可能で、越後国から江戸へそれらの米をはこぶには、船が利用された。十人足らずの船乗りのあやつる船に千俵の米が積み込まれ、船は越後国の港を出ると日本海を南下する。船は、日本海の陸岸ぞいに進んで下関海峡をぬけ、瀬戸内海に入って大坂または兵庫（神戸）につく。そこから紀伊半島をまわり、遠州灘、相模灘をへて江戸湾に入り、江戸について米をおろす。

現在では考えられないような長い航路を進むわけだが、飼料を多く食べる馬とちがって船は風さえあれば走る。費用と言えば、船乗りたちの食費その他生活日用品だけですみ、船で荷をはこぶ方が、陸送よりも比較にならぬほど安くすむ。

このような事情で、荷の運搬は船が主体となっていた。

航路からみると、日本海が主要な意味を持っていた。

江戸後期に入ると、世界の捕鯨業が隆盛をきわめ、捕えた鯨は、脂肪の部分を甲板に据えられた釜に入れて火力をくわえ、油を採取する。肉の部分は海に捨て、鯨油を樽に入れて船艙《せんそう》におさめる。それらの油は、燈火にもちいられ、西欧で勃興《ぼっこう》した紡績業の機械の潤滑油にも使用された。

アメリカでは、輸送船も大型化して自国で生産した綿布を、それまで大西洋から喜望峰をまわって中国にはこんで売っていたが、直接太平洋を横断して中国にはこぶようにもなった。

それらの一隻の船が中国からアメリカにもどる途中、日本近海に鯨が潮を吹き上げながら群れているのを目撃した。

この報告を受けたアメリカの捕鯨船が、日本近海に殺到した。鯨油を採取するには、船上で薪《まき》を焚《た》いて鯨の脂肪分をとかさねばならず、そのため日本の陸岸に近づいて上陸し、樹木を伐採して船にはこぶ。その折に飲料水もはこびこむので、それが日本各地へのひんぱんな異国船出没騒ぎとなった。

これらの捕鯨船は、鯨の姿をもとめて日本海に入り、蝦夷《えぞ》（北海道）方面へむかうが、捕鯨船の記録に、冬期をのぞく日本海はあたかも湖面のようにおだやかだと記されている。

そうした海の性格から、日本海沿岸をたどる航路が最も安全で、そこから下関海峡をぬけて波おだやかな瀬戸内海を進み、大坂に達する航路が日本の幹線航路になっていた。

黒潮の恐ろしさ

大坂は日本最大の商業都市で、諸国から米をはじめとした各地に産する物資が集まる。近くには、最良の酒の産地であった灘《なだ》をひかえているので、酒もはこび込まれる。さらに、廻船で蝦夷から東北、北陸など日本海沿岸の地や瀬戸内海各地の産物も大坂にはこばれ、集積される。

それらの物品が主として売りさばかれるのは、大消費地である江戸であった。荷は、大坂から船で江戸へぞくぞくと送られるが、日本海、瀬戸内海経由のおだやかな航路とは対照的に、それは魔の航路で、海難事故が多発している。気象状況の変化で、海は荒れ狂う。

その事故にそなえて、船主は、新造船《しんぞうせん》を用意し、婆船《ばばぶね》――老朽船は使わない。イギリスでは船が女性とされていて、主語にSheという代名詞が使われている。竣工成って、初めての航海に出ることを処女航海ともいう。

進水は出産に似たものとされていて、『戦艦武蔵』という小説を書いた時、「武蔵」の進水担当の総指揮をする技師が産婆役と俗称されているのを知った。その進水は、世界

に類のない難作業で、最後の段階で、

「お誕生が近いぞ」

と、工事に従事する技師、工員たちが互いにはげまし合った。

たしかに造船所で建造された船体が、進水台をすべって海面に浮ぶのは、胎児の出産に似ている。

江戸期の日本で、爺船《じじぶね》とは言わず婆船という名称が使われていたのは興味深い。船卸《ふなおろ》し（進水）が、やはり出産のように思え、船が女性に類したものという意識があったのだろう。

大坂を出航した船は、米、酒などもろもろの荷を積んで紀伊水道をぬけて、紀伊半島最南端の潮岬《しおのみさき》をまわる。そこは江戸にむかう船にとっての最初の大難所で、理由は太平洋と直面した個所であるからである。

大きな一枚帆に風を受けて進む船には、太平洋は恐るべき海で、最大の原因は、日本列島ぞいに南から北へ流れる黒潮である。

その大潮流は、カムチャツカ半島方面にむかい、さらに北アメリカ方向に壮大な幅と勢いで流れ、さらに分れた支流も流れてゆく。

その潮流にいったん乗せられると、船は太平洋上はるか遠い海域まで流され、それは乗組みの者たちの死につながった。

沖を流れる黒潮に押し出されまいとして、潮岬で太平洋と接した船は、おずおずと熊野灘を岸ぞいに進む。船には、豊かな航海の知識、経験をもつ沖船頭がいて、日和《ひより》（気象状況）、風向を絶えずさぐって船をあやつってゆく。

少しでも危険と察すると、船頭はいち早く近くの港に船を入れる。そこで長い間とどまることも多く、日和、風向よしと判断されると港を出て再び岸ぞいに進み、遠州灘との境いに突き出た大王崎をまわる。そこは複雑な岩礁《がんしょう》の多い難所で、それを熟知した船頭は、巧みにかわして鳥羽浦にすべりこむ。

そこには海の状態を予測するのに適した日和山と言われる丘があって、船頭は丘に登って海と空をながめて日和をさぐり、頂きにある方位石で風の向きをうかがう。

いずれも良好と判断すると、伊豆半島突端の下田を目ざして遠州灘に乗り出す。無事に下田沖に達した船は、相模灘を突っ切って三浦半島をまわり、江戸湾に入って江戸につく。

遭　難

これが大坂と江戸との航路であるが、海は、時に一変して狂暴な姿をみせる。天候の急変で暴風雨になり、船が沖へ吹き流されると、容赦なく黒潮の流れに乗る。速度のはやい潮流は、船を陸岸から遠くひきはなし、船が陸岸近くにもどることを許さない。

船は内海航路に適した構造を持っているので、外洋では全く無力になる。

これにより漂流を余儀なくされるが、当然のことながら苛酷な運命が待ちかまえている。多くは覆没《ふくぼつ》し、そうでなくて漂流をつづけても、食料、飲料水が尽きて、次々に死者が出て無人船となる。

きわめて稀《まれ》な例ではあるが、辛うじて生きながらえた者たちが、島や陸岸に漂着する幸運に恵まれる例もある。

無人島に漂着した折には、食料の入手に困難をきわめ、それでも工夫して餓死をまぬがれることもできるが、近づく船影を見ることはできず、そのまま島で死を迎える。

異国の陸岸に漂着した場合、保護されることもあるが、その地の住民たちに船に残された物品を略奪され、殺害の憂き目にあうことも多い。殺されずにすんだ者たちは、言葉も通じぬ異国の地で生き、食物にも風土にもなじめずそのまま異国の土と化す。

遭難して黒潮に乗った船の前途は悲惨で、それでも辛うじて生きながらえた船乗りもいて、かれらは漂流の苦難に堪えた者たちであった。

漂流期間はいずれも長く、「督乗丸《とくじようまる》」という千二百石積み、十四人乗りの尾州《びしゆう》名古屋の船などは、一年五カ月にもおよんでいる。

「督乗丸」は、名古屋の米を江戸に回送して帰る途中、文化十年（一八一三）十一月、遠州（静岡県）御前崎《おまえざき》沖で大暴風に遭遇し、その折に乗組みの一人が海に落ちて死亡する。

年が改まり、さらに「督乗丸」は漂流をつづけ、五月から六月にかけて十名が相ついで息絶え、残るは三名となる。

やがて、また新しい年を迎え、文化十二年（一八一五）二月、イギリスの「フォレス夕号」に発見され、救出される。その位置は、アメリカのロスアンゼルスの西南の沖で、「督乗丸」は潮の流れのままにその海域まで流されたのである。

三名の者は、さまざまな経緯があってイギリス船からロシア船に移され、辛うじて北海道の土をふむことができた。

その直前に一名が死亡、生き残った二名が江戸をへて故郷にもどることができたのは、文化十四年（一八一七）五月であった。

このように帰還できた者はきわめて稀だが、鎖国政策によって海外渡航を禁じている幕府は、これらの者を厳重に取調べた。キリシタン禁制をしいているので、まずキリシタン宗門との関係についてきびしく追及する。

疑いがはれると、出船の折の積荷、乗組員、航海の状況そして遭難の事情、その後の漂流の経過を詳細に聴取する。

それらの記録は吟味書《ぎんみ》として残されていて、天候の激変による遭難の陳述は、聴取する者に激しい恐怖と驚きをあたえるのが常であった。

私は、二十代の頃からこれらの吟味書に興味をいだき、小説家として作品を発表するようになってからこれらの吟味書にもとづいて漂流にふれた小説を書き、発表してきた。近作の『大黒屋光太夫』は漂流についての六作目で、あらためてよくもこれまで飽きずに書いてきたものだと、われながら呆れてもいる。

漂流までの経過

これらの諸作品を書くことによって、それぞれの漂流にいたる遭難の記録を仔細にあさったが、破船から漂流までの経過が驚くほど似ているのを知った。

それは、暴風雨に遭遇し、船が危険に瀕《ひん》した時に船乗りたちはどのように対処すべきか、ということが、あたかも唯一の教科書のように確立していたことをしめしている。船頭は、その定義を頭にきざみつけ、緊急事態をむかえた時、ゆるぎない忠実さでそれらをつぎつぎに実行に移しているのである。

多量の荷を積載した船は、水密甲板がないので、大時化《おおしけ》になると押し寄せる激浪が船に打ち込む。水主《かこ》（船乗り）たちは、桶やスッポンと称する水鉄砲状の排水具で海水の排出につとめる。

さらに暴風雨が激しくなり、つらなる峯々のように波が果しなく押し寄せ、船は波に高々とのしあげられ、ついで波間に落下する。その反復の中で、舵《かじ》が破壊され流失する。日本各地の港は、川を少しさかのぼった河口附近にもうけられているものが多く、その附近は水深が浅い。そのため船が川をさかのぼれるように舵が引き上げ式になっていて、それだけに保持能力に乏しい。それに舵の羽板《はいた》は広く、激突してくる波にくだかれ、舵は船体からはなれて流れ去るのである。

死をまぬがれようとして、船乗りたちは波に翻弄される船上で、あたかも儀式に近い行為をとる。まず丁髷《ちよんまげ》を切って伊勢大神宮、金毘羅《こんぴら》大権現の御加護を請うため必死になって神の名をざんばら髪で唱和する。

それでも覆没の気配が濃くなると、刎《は》ね荷と称する、積載した荷物の海への投棄をする。

荷は船主その他が運送を託した大切なもので、投棄すれば莫大な損失を船主たちにあたえる。それは船頭をはじめ船乗りたちの、自らの責任をなげうつもので苦痛ははかり知れない。しかし、船の沈むのを防いで死をまぬがれようとして、船を軽くするために荷を固縛した縄をつぎつぎに切って、海に落す。

それでも海は、船を翻弄し、呑みこもうとして荒れ狂う。最悪の事態をむかえると、船頭は、帆柱を切り倒すことを決断する。

帆柱は太く重量があり、そこに激突する風波の圧力は大で、帆柱は振子のようにかたむくことを繰返し、船を横倒しにする恐れがある。

その帆柱を切り倒すやり方も定められた方式があって、船頭は水主二人に斧《おの》を持ってくるように命じる。

風に打たれ波にたたかれながら、水主は斧を手に帆柱の風上と風下にわかれて立ち、船頭の指示する帆柱の位置に斧を打ち込む。帆柱が船上に倒れると船の構造物を破壊するので、帆柱が船べりから海上に倒れこむように、斧をたたきつける。

さらに帆柱を船にむすびつけている綱を断ち切らねば、船上に倒れかかるので、船頭は、腰におびた刀をぬいてかまえ、帆柱が裂けかかる瞬間に綱を断ち切る。

どの漂流記録を読んでも、これらの手順は一致していて、沖船頭はすべて破船の危険がせまった時の心得として、平時から頭にたたき込んでいたことが知れる。

舵も帆柱もなくなった船は、航行の自由を失い、洋上を浮游する容器にすぎないものになる。

ここから漂流がはじまり、船は坊主船として黒潮に乗ったまま流されてゆく。

積荷の中には米があるのがほとんど常で、漂流者たちはそれらを粥《かゆ》にしたりして口にする。飲料水も樽に入れて積まれているが、それらはやがて尽きる。ランビキといって汲みあげた海水から蒸留水をつくる器具をそなえた船もあるが、それから得る真水は少く、雨水をたくわえて渇きをいやす以外にない。

このようにしてあてもない漂流をつづけ、そのうちに船乗りたちは次々に死亡してゆく。一人残らず死に絶えて、船は無人の船として流れ、大時化でくだけ散る。それがほとんどの漂流船の運命であった。

漂流民たち

見えるのは海だけであるが、幸いにして陸影や島を眼にして陸地をふむことができる者もいた。

食生活、風習、風俗すべて異なる地で生きることは至難で、病みおとろえて死亡し、奴隷のように酷使されて殺される者もいる。そうした中で幸運にも外国船に乗せられ、中国等をへて長崎に送還される者もいた。

かれらは、海外渡航を禁じる法令をおかした者として奉行所でのするどい取調べを受けるが、かれらがキリシタン宗門と無関係であることがあきらかになると、その扱いは穏便なものになる。漂流民は、その時から貴重な異国事情の情報提供者の扱いを受けるのである。

異国事情の収集に力を注いでいた幕府は、奉行所での取調べを終えた後、有能な学者に命じてかれらの口述内容を記録させた。日本を出船後、破船にいたる経過、異国の地への漂着。さらに異国での見聞、送還された事情。

学者たちは、漂流民から異国の政治、経済、軍事はもとより一般生活、言語などあらゆる事柄を入念に問いただし、記録する。

漂流民たちは、取調べを終えた後、それぞれの生地の藩に引渡されて帰郷するが、その地でも藩主の命令を受けた学者によって同様の口述筆記の記録が作成される。

オランダを通して外国事情の予備知識をもった高い見識の学者による記録は、精密な漂流記としてまとめられた。それらが『北槎聞略《ほくさぶんりやく》』『環海異聞《かんかいいぶん》』『時規《とけい》物語』『蕃談《ばんだん》』『東海紀聞』『船長《ふなおさ》日記』などの秀《すぐ》れた漂流記としてのこされている。

帆船時代、イギリスで海洋文学の作品がうまれたが、同じ島国の日本でも、まさに海洋文学の名に価いする漂流記が数多くうみ出されていたのである。

それらは、漂流という死の危険にさらされた船乗りたちの苛烈な記録であり、かれらのある者は死亡したり発狂したりし、ある者は苦難に強靭《きようじん》な意志で耐えぬく。それは壮絶な人間記録でもある。

さらに全く未知の漂着地での生活、異国での知識の吸収という特異な性格も持ち、その規模の壮大さ、内容の深さで、これらの漂流記は江戸時代の日本独自の海洋文学としていちじるしい光彩を放つ。

その基礎は、ひとえに内海航路を旨《むね》とした和船の構造にあり、それが外洋にほうり出された時からはじまる一大ドラマであった。

破船した船は、黒潮に乗って太平洋上を漂い流れる。乗組みの者が死をまぬがれるには陸岸や島に漂着する以外になく、かれらは、それらを眼にできないかと水平線を見つめつづける。

その間に大時化に見舞われ、かれらは飢えと渇きにさらされながら打ち込んでくる波の排水につとめる。陸影も島影も見えず、かれらは次々に息絶える。

遠く北アメリカの沖で、無人となった和船が発見された記録もある。船の原型を保っているものもあって、日本の秀れた船大工の手でつくられた和船の強靭な構造をうかがうことができる。むろんくだかれて残骸となったものが多く、それらの発見例もある。

十九世紀に入ると、太平洋上に外国の捕鯨船が進出し、交易船も姿を見せるようになった。陸岸、島への漂着以外、助かる手だてが全くなかった漂流船の乗組みの者にとって、これら航行する外国船の存在で、事情は変った。

救助された漂流民

初めに外国船に幸運にも発見され、救出されたのは、大坂船の「稲若丸《いなわかまる》」であった。

五百石積み、八人乗りの同船は、文化三年（一八〇六）正月六日、大坂の安治川《あじがわ》河口の港を出帆。伊勢にむかう途中、暴風雨に遭遇して伊豆下田沖まで押し流され、破船し漂流した。

船は黒潮に乗ってあてもなく流されたが、三月二十日、アメリカ船ティバー号（船長コルネリウス・ソウル）に発見され、救助された。

船は、四月二十八日にハワイに入港、八人が上陸した。船長は、かれらを日本へ送りかえしたいと思い、清国へおもむくアメリカ船（船長アマサ・デラノ）に託した。

船はハワイを出航し、九月にマカオにつき、さらに清国の広東へ行った。清国は、日本との交易国であったので、船長は八人を引渡そうとしたが、役人が拒否したためマカオに連れもどり、八人をオランダ人にあずけた。

オランダは清国とともに日本との交易を許されているので、オランダ人はかれらを日本に送還しようとし、日本行きのオランダ船が寄港するバタビア（ジャカルタ）に送るため、十二月に清国船に乗せ、船は翌年一月にバタビアについた。この地で、沖船頭の新名屋吟蔵と水主の文右衛門が病死した。

残った六人は、五月にオランダ本国からやってきた日本行きのオランダ船に乗ったが、航海中に水主の貞五郎、喜三郎、惣次郎《そうじろう》が相ついで病死した。船は六月十八日に長崎に入港、上陸を前にして水主の和左蔵も息絶えた。

残ったのは二人だけになり、上陸して揚屋《あがりや》に収容され、奉行所の役人の取調べを受けた。揚屋は、御家人とそれに準じる大名の家臣、僧侶などの未決囚を収容する牢屋で、庶民を投じる百姓牢よりは扱いがゆるやかであった。キリシタン宗門との関係の疑惑がはれた漂流民は揚屋に収容するのが習いとなっていて、食事その他手厚いもてなしを受けた。

しかし、水主の松次郎は、長い漂流ときびしい役人の取調べで精神異常を起していて、六月二十一日、揚屋内で首をくくって絶命しているのが発見された。死因は、乱心故《ゆえ》に、とされた。

ただ一人生き残った水主の善松は、取調べが終った後、迎えにきた広島藩士に引渡され、故郷の芸州豊田郡木谷《きだに》村（広島県豊田郡安芸津町木谷）に帰った。

この「稲若丸」の場合は、これでも幸運の一語につきる。それまでの漂流船は、四方海を見るだけであてもなく長期間流されつづけるのが常であったが、幸いにも外国船に救出された。そして、船の船長をはじめ異国の人の好意で日本に帰還することができたのだ。

しかし、乗組みの者八人中、六人が病死、一人が自殺して故郷にもどることができたのは一人だけ、という事実に漂流というものの苛酷さをみる。

漂流している間に乗組みの者たちは身心ともに深くむしばまれ、救出された後もなじまぬ異国の食物と環境に体に変調をきたす。それによって、つぎつぎに病みおとろえて息絶え、無事に長崎に帰還できた者も自ら命を絶っている。これは、漂流が頑健であるはずの船乗りたちの肉体、精神にも耐えきれぬものであったことをしめしている。

「稲若丸」遭難から十八年後の文政七年（一八二四）に漂流の憂き目にあった大坂船の「安穏丸《あんのんまる》」（千二百石積み、十三人乗り）は、外国の捕鯨船に救出されている。

「安穏丸」は、十一月二十九日、大坂から江戸へむかう途中、紀州新宮《しんぐう》（和歌山県新宮市）沖で破船、漂流した。その間に惣吉が溺死し、松次郎が病死。

船は太平洋上を漂流中、翌年四月十日に外国の捕鯨船に発見され救助された。捕鯨船は、漁をしながら日本に接近し、五月三日に小名浜（福島県いわき市小名浜）沖に出漁していた常陸国《ひたちのくに》多賀郡河原子《かわらご》村（茨城県日立市河原子町）の十吉の漁船に水主たちは移され、平潟《ひらかた》村に上陸した。

このように日本近海で漁をする外国の捕鯨船が増して、これらの捕鯨船に救出される船も多くなった。

漂流者として名高い万次郎（ジョン・マン）は、無人島の鳥島に漂着、六カ月後に捕鯨船「ジョン・ハウランド号」に救出され、また、アメリカ彦蔵は、漂流中、アメリカ船「オークランド号」に収容されている。

二人はアメリカ本土に送られて教育を受け、帰国後、幕末の日本に外国事情を知る者として貢献し、その他同じような経験をした者も多く、江戸末期より以前の漂流とは大きな変化をしめしている。

ロシアと漂流民

島または陸岸の土をふむことができた漂流者の記録をみてみると、潮流が洋上の大きな川に似たものであるのを知る。

近作として私は、伊勢国奄芸《あんき》郡白子《しろこ》村（三重県鈴鹿市白子）の船「神昌丸《しんしょうまる》」の漂流記を『大黒屋光太夫』と題して小説に書いた。

光太夫を沖船頭とした「神昌丸」（千石積み、十七人乗り）は、天明二年（一七八二）十二月に白子浦から江戸にむかう途中、遠州灘で暴風雨に遭遇して破船、漂流し、八カ月後にアリューシャン列島に漂着。

光太夫らは、ロシア政府の意向で、カムチャツカ、オホーツク、ヤクーツクをへてイルクーツクに送られる。その間、寒気と飢えにさらされて十二人が死亡し、残された五名の中の庄蔵は足を凍傷におかされて片足を手術で切断されている。

光太夫は、都のペテルブルグにおもむいて女帝エカテリナに拝謁し、帰国の許可を得る。

庄蔵と新蔵は、ギリシャ正教の洗礼を受け、いわゆるキリシタンで、日本に帰ることはできぬ身になっていたのでイルクーツクに残留し、光太夫、小市、磯吉の三人だけが、遣日使節ラックスマンに伴われて「エカテリナ二世号」に乗ってオホーツクを出航、寛政四年（一七九二）九月に根室に帰着した。

その直後、小市が病死し、光太夫と磯吉は江戸に送られ、将軍に引見されている。光太夫は、幕府の命を受けた蘭学者桂川甫周《かつらがわほしゅう》に遭難のいきさつ、ロシア領での生活、帰国できた次第を述べ、それは『北槎聞略』としてまとめられた。

私は共に帰還した磯吉の、山下恒夫氏新発見による口述記録「魯西亜国漂船聞書」（東洋文庫蔵）を重視し、小説『大黒屋光太夫』を書いたのである。

この小説を書くにあたって、「神昌丸」がアリューシャン列島に漂着する以前に、何艘《そう》もの和船が長期間漂流の末にアリューシャン列島、カムチャツカ半島方面に漂着しているのを知った。

「神昌丸」の光太夫たちがアリューシャン列島に上陸する八十七年前、大坂の淡路屋又兵衛船が、カムチャツカ半島南部に漂着したのがロシア領への最初の漂着記録とされている。

乗組員は十五名であったが、死亡したり殺害されたりしてデンベ（伝兵衛）ただ一人がロシア側に保護された。

伝兵衛は、ロシア人の質問に対して、大坂から江戸にむかう途中、遭難したと手まね身ぶりをして答えた。ロシア人は、大坂をオザカ、江戸をエンドと聞き、かれをインド国オザカ地方出身のインド人と解した。

その後、伝兵衛は、日本文で自分の素姓を、

「万九ひち屋　たにまちと本りにすむ立川伝兵衛」

と、書き記した。

ひち屋とは質屋、たにまちと本りとは谷町通りで、質屋業を営んでいたことをあきらかにしている。

かれを保護したコサックの隊長は、その印象を、

「ギリシャ人に良く似ていて髪は黒い。非常に理知にとみ礼儀正しい」

と、記している。

伝兵衛は、モスクワに送られ、ピョートル一世に拝謁し、役人の質問に答えて日本事情を述べた。

日本に関心をいだいたピョートル一世は、伝兵衛にロシア人子弟に日本語を教えるよう指示し、伝兵衛はそれにしたがって少数のロシアの少年に日本語を教えた。

ついで宝永七年（一七一〇）に、破船した日本の荷船がカムチャツカ半島東部に漂着した。乗組みの者は、原住民に殺害されたり病死したりして、サニマ（三右衛門）という者がペテルブルグに送られ、伝兵衛の助手として日本語の教授にあたった。

伝兵衛の死後、享保十三年（一七二八）十一月には薩摩（鹿児島県）の「若潮丸」（十七人乗り）が、大坂にむけて航行中遭難、六カ月余の漂流の末にカムチャツカ半島のロパトカ岬に漂着した。

漂流民に接触したコサック隊長は、不法にも船の積荷を略奪し、十五人を殺害、わずかにソーゾー（宗蔵）、ゴンゾー（権蔵）の二人だけが生き残った。宗蔵三十五歳、権蔵十歳であった。

二人はコサック隊長に酷使されたが、その地に赴任してきた代官が、隊長の行状を知って厳罰に処し、二人を保護した。

かれらはペテルブルグに送られて女帝アンナに引見され、日本語教授となった。宗蔵は病死し、若い権蔵は頭の回転もはやく日本語学校長ボグダノフの協力で、世界最初の露日辞典をつくった。しかし、権蔵は平仮名しか書けず、薩摩方言もあって、それは未熟なものであった。

権蔵は、二十一歳で病死した。

宗蔵、権蔵が漂着してから十五年後の延享元年(一七四四)、南部藩領佐井村(青森県下北郡佐井村)の南部船「多賀丸」(千二百石積み、十八人乗り)が、江戸にむかって出帆、下北半島沖で遭難し、漂流の憂き目にあった。

漂流中、六名が死亡し、五カ月後、島影を発見、小舟に乗って上陸した。北千島のオンネコタン島であった。

上陸後、船頭の竹内徳兵衛が死亡し、島にやってきたロシアの役人に保護され、さらに一名が死亡して、十人がオホーツクに送られた。

その後、かれらは洗礼を受けて、一部の者がイルクーツクにおかれた日本語学校の教師となり、拙《つたな》いながらも露日辞典の編纂にあたったりしたが、天明六年(一七八六)までにすべて死亡した。

伝兵衛、三右衛門、権蔵、宗蔵、南部船に乗っていた者たち、そして大黒屋光太夫一行は、北千島、カムチャツカ、アリューシャン列島にそれぞれ漂着し、それらは日本列島沖を北上して流れる黒潮の進行方向にある。

大黒屋光太夫の乗った「神昌丸」の生き残った者たちはイルクーツクにたどりつくが、南部船乗組みの者はすべて死に絶えていて、光太夫たちはその息子や娘と会う。南部船乗組みの者たちは、それぞれロシアの女性と結婚し、子をもうけていたのである。かれらの中には、日本語学校の教師であった父から日本語をまなび、下北半島の方言ながら日本語に通じている者もいた。

最初の漂流民伝兵衛以来、ロシア領に漂着した者たちは、当然のことながら日本へ帰ることを切に願った。光太夫船の庄蔵が凍傷におかされて手術で片足を切断されたことでもあきらかなように、想像を絶した寒気と口になじまぬ食物に苦しみ、温暖な故国にもどりたい、と悶々《もんもん》として日をすごした。

それが叶えられなかったのは、ロシア政府の一貫した意向によるものであった。

冬期に港が氷にとざされるロシアは、必然的に南方の地への進出を企て、それが基本的な方針になっていた。

海をへだてた隣国である日本については、日本と貿易をおこない長崎に商館も置くオランダから知識を得ていて、日本の書物なども入手していた。日本は冬期に海はもとより川も氷結することなく、四季の移ろいが見事に等分されているため、多種多様の農作物が収穫され、海は魚介類にめぐまれている。

幕府を中心とした政治形態はととのえられて安定し、その上文化度もきわめて高い。ロシアは鎖国政策をとる日本との交流を望んでいて、将来、日本に積極的に接触することを念願としていた。

そこに現われたのが、日本の漂流民であった。おしなべて礼儀正しく、ロシアの船乗りと異なって文字の読み書きもできる。生活する必要からロシア語の日常会話も身につけていた。

そうしたことを観察していたロシア政府は、これら漂流民の利用法を思い立った。日本に接触するためには、日本語を知らねばならず、それを身につけた人材を養成する必要があった。漂流民は願ってもない存在で、かれらを教師としてロシアの青少年に日本語を教えてもらうため、日本語学校が創立された。

漂流民の悲願は、ひたすら故国へ帰ることのみで、それを役人を通して訴えることもした。しかし、政府は容認するはずもなく、教師としての俸給をあたえ、ロシアの地に安住するよう仕向ける。

政府は、鎖国政策をとる日本がキリシタン禁制を国法とし、それをおかした者は、容赦なく極刑に処することを知っていた。

海外渡航を禁じる幕府は、たとえ海難事故で異国に漂流した者も、キリスト教の信徒になっているのではないかと疑い、きびしい糺明をする。それを知っているロシア政府は、漂流民をギリシャ正教の信者とさせることが、かれらの望郷の念を断つ唯一有効な手段と考えたのである。

帰国の手がかりもなく悶々と日を過していた漂流民たちは、男性として身近なロシアの女性と親しくなり、結婚ということになる。式は教会でおこなわれ、必然的に洗礼を受け、洗礼名をあたえられる。これによって漂流民の帰国への道は完全に断たれる。

かれらは、帰国を諦め、ロシアで生きる以外にないことを知り、妻との間に子もでき、教師として受ける俸給で不自由のない生活をする。歳月が過ぎ、病いにかかり妻子に見取られて死を迎える。墓石には洗礼名がきざまれ、かれらの遺骨はロシアの土となる。

日本との交易

南部船の後に漂着した「神昌丸」の大黒屋光太夫たちは、最終的に五人になっていた。光太夫は、ロシア政府に再三帰国願いの書類を提出するが、政府はこれを拒否し、苛《いら》立《だ》った光太夫は、都のペテルブルグにおもむき、エカテリナ女帝に拝謁した。女帝に対して光太夫は、帰国の強い願いを訴えた。心を動かされた女帝は、高官たちの意見を聴取してその願いを容認した。

情勢の変化が、光太夫に幸いをもたらしたのである。

ロシア政府は、日本との交易をおこなう段階が来たと判断したのだ。その交渉にあたって幕府に好印象をあたえる必要があり、日本の漂流民を利用しようと考えた。ロシアは官民ともにかれらを好遇し、さらに望郷の念をいだくかれらに同情して、船を仕立てて日本へ送りとどける。

このような考えから、ロシア政府は通商をもとめる使節ラックスマンを、光太夫らを同伴させて派遣しようとしたのである。

「神昌丸」乗組みの生き残っている五人のうち、日本へ送りとどけるのは三人のみであった。庄蔵は、手術で片足を失った失望感から洗礼を受け、新蔵は、病死した仲間の遺体の埋葬にあたって、信徒でなければそれを野捨てにしなければならぬことを知り、自分の死後のはかなさを思い、教会に行って洗礼名をあたえられたのである。

これら二人と別れた光太夫は、小市、磯吉とともにラックスマン使節と船に乗り、蝦《え》夷《ぞ》（北海道）の根室に帰還した。その直後、小市は病死し、光太夫と磯吉は江戸に送られた。

私は、この二人に焦点をあてて小説『大黒屋光太夫』の筆を進めたが、ロシアに残された庄蔵、新蔵のその後のことが気にかかった。

庄蔵は、光太夫が日本への出発直前、帰国することを初めて口にすると、激しい動揺をしめし、不自由な足で何度もころびながら泣き叫んで追ってきた。それとは対照的に新蔵は、別れの瞬間に嗚咽《おえつ》したものの、宿命として受け入れ、取り乱す風はみせなかった。そのような二人が、どのように生きたか、知りたかった。

それをあきらかにする一書がある。奥州牡鹿《おしか》郡石巻《いしのまき》（宮城県石巻市）の「若宮丸」の漂流記『環海異聞』である。

光太夫、小市、磯吉が根室に帰着したのは寛政四年（一七九二）九月十六日で、「若宮丸」は翌年十二月に破船、漂流してアリューシャン列島に漂着。その後、イルクーツクに送られてその地にいた庄蔵、新蔵に会って世話になっているのである。

「若宮丸」乗組みの十六人中四人が、破船、漂流してから十一年後に長崎に送還されたが、大黒屋光太夫が学者桂川甫周によってその漂流から帰国までの経過を『北槎聞略』としてまとめられたように、「若宮丸」のそれも蘭学者大槻玄沢《おおつきげんたく》の手で『環海異聞』十五巻として残された。

かれらはロシア軍艦に乗せられ日本へむかったが、艦は大西洋のカナリア諸島、ブラジルをへてホーン岬をまわって太平洋に出て、ハワイ、カムチャツカから長崎に至った。ロシア領から直接の帰国ではなく、世界一周するという思いがけぬ経験をしたのである。

この漂流記は一般には知られること少いが、規模の大きさ、漂流民同士の精神的争いなど特異なもので、漂流記——海洋文学の一つとして紹介してみたい。

第二章　「若宮丸」の漂流

漂着

「若宮丸」(八百石積み、十六人乗り、沖船頭平兵衛)は、寛政五年(一七九三)十一月二十七日、仙台藩の藩米二千三百三十二俵その他を載せ、江戸へむかうため牡鹿《おしか》郡石巻を出航した。

風がないので東名《とうな》浦に寄港して風待ちをし、二十九日、順風を得たので同所を出帆したが、天候が急変して激浪に飜弄されるようになった。風向はしばしば変り、十二月二日、和船の弱点である舵が破壊された。

それからの経過は、他の破船と全く同じで、船が危険に瀕したので、乗組みの者一同、剃刀《かみそり》で髷《まげ》を切ってざんばら髪になり、神仏の名を唱和して御加護を必死に祈った。位置は、塩屋崎の沖であった。

十二月三日、風波はさらにつのり、覆没を予感した沖船頭は、帆柱を切り倒すことを決断し、それは実施に移された。

翌日も海は荒れに荒れ、刎《は》ね荷がおこなわれて米の半分を海に投棄した。陸岸は全く見えなくなっていた。

ようやく風波はおとろえたが、帆柱も舵も失った船は、ただ漂い流れるだけであった。

年が改まると、また暴風雨が襲い、残された米の半分を刎ね、船の損傷部分も増して浸水も多く、乗組みの者たちは排水につとめた。刎ね荷はつづき、残されたのは米二百俵ほどになった。

船は北へ北へと流され、飲料水もつきて、たくわえた雨水を少量ずつ飲んで渇きをいやした。

漂流してから五カ月がすぎ、五月十日朝、靄《もや》の切れ目から雪におおわれた高山を見出し、一同狂喜した。

艀《はしけ》をおろして米三俵その他をのせ、上陸した。その直後、本船は波にくだかれて姿を消していた。

五月であるのにあたりは一面の雪で、日本から遠くはなれた異国の地にちがいないと思った。

かれらは人家を求めて歩きまわったが、眼にできず、再び艀に乗って岸にそって進んだ。

六月五日、前方に立ちのぼっている煙を発見し、砂浜に漕ぎ寄せ、三十人ほどの島民と出会った。その風態は異様で顔は黒くはだしで、髪はザン切りで髭が長い。鳥の羽や獣の皮でつくったものを身にまとっていた。

「若宮丸」の者は、鬼かと恐れ、殺されるにちがいないと思ったが、島人は思いのほか優しく、水主《かこ》たちは島民の渡してくれた枯草を砂浜にしいて眠った。

漂着したのは、アリューシャン列島の島であった。

沖船頭の平兵衛は、漂流中に壊血病におかされていて、島に上陸してから病状が悪化し、その月の八日に息をひきとった。水主たちは、砂地を深く掘り、夜着を着せて埋葬した。

平兵衛が死亡してから四日後、島人とは異なった上質の衣服を着、沓《くつ》をはいた長身の男が皮船に乗ってやってきた。五十年輩のロシア人で、鉄砲と鉞《まさかり》を持った島民十人ほどをしたがえ、水主たちに話しかけてきたが、言葉が通じない。

ロシア人は、水主たちの乗ってきた艀に近寄ると、艀の中央に水竿《みずさお》を一本、つぎには二本、三本と立てて、身ぶり手ぶりをまじえてなにか言った。

水主たちは、この島に漂着した船の帆柱の数をたずねていると察し、帆柱は一本であるという仕草をしてみせた。

ロシア人は大きくうなずき、「ウウ、エッホン」とつぶやくように言った。日本と言ったように思えた水主たちが、「ニッポン」と言うと、ロシア人は表情をやわらげて再びうなずいた。他国の船の帆柱は二本か三本で、和船の帆柱が一本であるのをきいていたらしいロシア人は、水主たちが日本人であるのを知ったようであった。

ロシア人は、アヒルの卵より大きい卵をゆでたものを数個食べさせてくれた。

翌朝、ロシア人は砂浜に引き揚げられていた水主たちの乗ってきた艀を、島民たちに海面におろさせ、水主たちに乗るようにという仕草をした。水主たちはそれにしたがい、ロシア人も島民たちとともに乗りこんだ。

艀は岸ぞいに北へ進み、その夜四ツ（十時）頃、ナアツカという小さな港に入った。

この地は、島民が海に猟に出て捕殺するラッコ、アザラシなどの獣皮をロシア本国に送る根拠地で、ガラロフという船主が、出張してきているロシアの役人とともにその仕

ナアツカの島人男女（国公）

事を指揮していた。水主たちをこの港に連れてきたロシア人は、ガラロフの手代であった。水主たちは、ガラロフの保護をうけ、住居、食物をあたえられてこの地で十一カ月をすごした。

この島には樹木は全くなく、燃料は萱《かや》のような草を用いた。

食物は、もっぱら島民が皮舟を海に出してとってくる魚類で、潮水で煮て手でむしって食べる。ロシア人は、食べた後、魚の骨を居間にも寝室にもそのまま捨てていて甚だきたならしく、水主たちはそれを片づけるのが日課であった。

この地に滞在中、水主たちはロシア人、島民の生活状態を知った。ラッコ等の獣皮をとってきた島民たちにロシア人は、褒美としてロシア本国から送られてきた生活用品をあたえ、島民たちはそれで生活していた。

船主のガラロフは六十歳近い年齢で、この地に赴任する時妻も連れてきていて在島中に子供が一人うまれたという。妻の年齢は、十七歳であるときいた。

氷結していた海の氷がとけはじめた頃、ガラロフが水主たちに、近日中にこの島から船ではなれることを伝えた。魚類ばかり食べているのは体によくないから、二年ごとに本国から交替の者がやってくる地へ連れてゆくという。

かれは、水主十五人に革でつくった衣服をあたえ、水主たちは着物をそれに着がえて四月三日にガラロフとその妻子とともに船に乗り、島をはなれた。船には、多量のラッコ、アザラシなどの獣皮が積み込まれていた。

船は進んだが、航路をまちがえて氷山のある海域に入りこみ、あわてて舳先《へさき》を返し、四月二十七日の昼四ツ（十時）頃、サンパミョウという島に船を寄せた。

そこはラッコ、アザラシなどの集積所で、四十人ほどのロシア人が滞在していた。水主たちは甲板に立って、島から獣皮が船に積み込まれるのをながめていた。

作業が終り、船は出帆し、多くの小島の間を縫うように進み、アムチトカという島に着船した。その島は、十二年前の天明三年（一七八三）七月に、大黒屋光太夫たちの乗った「神昌丸」が漂着した地で、ここも島民たちのとってくるラッコ等の集積地になっていた。

水主たちは、この島にも上陸はせず、ロシア人の指示で島民たちがおびただしい獣皮を船に積み入れるのをながめていた。

二日ほどとどまり、積み込みも終えて船は島をはなれた。

南西方向に進み、六月二十八日にオホーツクの港に入った。

オホーツク

オホーツクは、これまで水主たちが見てきた地とは比較にならぬ大きな港町で、港には五百石積みほどの船が数艘碇泊していた。ロシア大陸への入口ともいうべき港で、都のペテルブルグまで陸続きであった。北の果ての絶海の孤島に辛うじて漂着した十五人の水主たちは、ロシア本国の大地をふむことができたのである。

かれらを乗せてきた船の船長が、役所に水主たちのことをとどけ出て役人に引渡した。役所では都から派遣された代官が、多くの役人を指揮して勤務していた。

政府から日本の漂流民を保護するようにという指令を受けていた役所では、町役人のものらしい家を水主たちの宿舎として提供してくれた。

その町の家は、すべて丸太を横に重ね組み合わせてつくったもので、水主たちがあてがわれた家は間口六間（一〇・八メートル）、奥行き八、九間ほどの広さで、内部は板敷きで椅子がいくつも置かれていた。

食事には、麦の粉を餅のようにしたもの（麦餅＝パン）が出された。朝食は麦餅と茶だけであったが、昼食と夕食は、それに牛肉を煮たものが添えられていた。日本では、獣肉を食べることを忌み嫌う習いであったので、初めは決して口にしなかったが、空腹にたえきれず食べるようになった。また、モロコという名の牛乳も口にすることを避けていたが、いつの間にか好んで飲み、牛乳からつくるマスラ（バター）も麦餅に塗った。

かれらは、生活の必要から少しずつロシア語の単語をおぼえ、手ぶり身ぶりをまじえてロシア人と意思の疎通をはかった。それによってわずかずつではあったが、ロシア語の知識も増した。

オホーツクの犬橇（国公）

かれらは、連れ立ってオホーツクの町を歩いてまわった。港の両岸の一方には七、八門、他方に三、四門、教会の前に二十門ほどの大砲が据えられていて、オホーツクがロシアの北方地域を警備する要衝《ようしょう》の地であるのを感じた。

雪が深く積る地なので、その時期になると人や荷物をのせた橇《そり》を犬にひかせて走る。犬はよくならされていて、御者が杖をふるって口笛を吹き、「ホロワ」と言うと犬は右方向へ、「ライワ」と言うと左に、「ピラマ」と声をかければまっすぐに走る。

日本では見られぬ情景で、水主たちは好奇の眼でそれをながめていた。

オホーツクに来て二カ月近くたった八月十八日、水主たちの寝泊りする宿所に役人がやってきた。

役人は、単語を口にしながら手ぶり身ぶりをさかんにする。

水主たちは、それに視線を据え、「ヤクーツク」という言葉を役人がしきりに口にすることから、自分たちをヤクーツクに送ると言っているのを知り、さらにその日にすぐ出立すると告げているのも察することができた。

ついで役人は指を三本しめし、出発は十五人全員とはゆかないという仕種をしてみせた。それでまず三人だけが出発するということを知り、水主たちは籤《くじ》をひいて儀兵衛、善六、辰蔵の三人をえらんだ。

ただちに出立するという役人の指示で、三人は手廻りの物をあわただしく手にし、他の者はそれを見送りに宿所を出た。

役所の前には馬が用意されていて、役所から出てきた代官が二十人ほどの下役人と馬にまたがり、儀兵衛たちもそれにならった。馬の口とりはなく、馬はつらなって遠ざかっていった。

察するに代官の交代期で、任期を終えた代官がヤクーツクにもどり、そのついでに日本の漂流民三人を同行させたようであった。残された十二人は、追々《おいおい》オホーツクを出立させる予定のように思えた。

ヤクーツクからイルクーツクへ

『環海異聞』では、儀兵衛ら三人のヤクーツクまでの旅の様子が記されている。馬の扱いになれたヤクート族の者が先導し、馬から馬に縄をつないで進む。寒気をふせぐため、代官をはじめ一行は獣皮でつくった衣服を着て頭巾をかぶり、手袋をはめて鹿の革の沓《くつ》をはいていた。

雪は深く、馬の下腹まで雪がとどく所もあった。鳥獣は眼にしなかったが、熊の姿をしばしば見かけた。馬を襲うこともあるというので従者は銃を手にし、一同、警戒しながら進んだ。

九月二十六日にアウタンという地についた。大河のかたわらに家が三軒あり、その地でヤクーツクまでの食料の調達をした。

オホーツクからこの地まで、荷をのせた馬などもいれて五十頭ほどで来たが、宿場につくと汗にぬれた体毛がたちまち凍りつき、馬が白い氷におおわれて斃《たお》れる。そのようにしてこの地にたどりついた時は、馬が十八頭残っているだけになっていた。

氷雪の中の苦難にみちた旅で、代官の従者のうち二人が、足が寒気におかされて凍傷になり、肉はただれて腐っていた。

儀兵衛たちは驚いたが、このようなことはよくあるとのことで、二人の従者は、激痛に絶えず泣き声をあげていた。

馬が十八頭では進むことができず、ヤクート族の者三人がヤクートの集落から馬を探し集めてきて、それは二十頭におよび、食料もはこびこんできた。

これによって馬の列は、再びヤクーツクにむかった。

川はすべて氷結していて、馬はその上を進んでゆく。所々にヤクート族の人家があって、夜はそこに入って泊ることをつづけた。

家は土を練って作られていて、内部には板が敷かれ、土間もある。窓には川から厚い氷を窓形に切りぬいたものを持ってきてはめこみ、まわりのすき間に雪をつめ、その上から水をかける。それによってかたく凍りついていて、家の中を明るくさせていた。

十月十三日に、ようやくヤクーツクにたどりついた。オホーツクから三十日の旅程であったが、厳寒の季節であったので手間どり、五十日余を費やしたのである。

ここは戸数二千ほどもある大きな町で、役所と寺は石づくり、民家は丸太を組んだ木造の家で、儀兵衛たち三人はその一軒を宿所とし、家主は麦餅と牛肉をあたえてくれた。

凍傷にかかった二人の従者は、外科医によって足の腐った部分を鋸《のこぎり》で引き切り、切断面を手当てするのを、儀兵衛たちは見た。欠けた足に木で足の形に作ったもの（義足）をはめて歩いている者をしばしば見かけたが、この地方では凍傷にかかってそのような手術を受ける者が多いのを知った。

町には、寺（教会）が九つもあった。

役人の話によると、儀兵衛ら日本の漂流民の行先は、これより先のイルクーツクとのことで、ヤクーツクに四十日ほど逗留した後、十一月二十四日、イルクーツクにむかって出発した。オホーツクからヤクーツクまで来た代官は、そのままヤクーツクにとどまり、儀兵衛らに付添ってくれたのは副代官とも言うべき役人であった。

冬期で雪は深く、儀兵衛たちは、役人と四頭または六頭の馬にひかれた橇《そり》に乗っていった。

大河が多く、川は厚い氷でおおわれていたので、馬橇はその上をはやい速度で進んだ。

馬の足には、すべらないようにカンジキをはめさせていた。

雪が降ることが多く、馬も馬車も白くなった。儀兵衛たちは防寒具をしっかり身につけていた。

イルクーツクについたのは、寛政八年(一七九六)正月二十四日であった。

早速、役所へ召し出され、取調べを受けた。

トコロコフという者が日本語の通詞(通訳官)をしていて、その通訳で漂着以来のことをたずねられた。トコロコフは、南部船の漂流民久助から日本語学校で日本語を教えられた者の由で、久助の死後、教授をしていたが、南部訛《なまり》の強い言葉なのできき取るのに苦労した。

吟味が終り、三人は同じ家に腰を落着けた。役所からその家に賄《まかない》料として一カ月一人につき銅銭三百枚が渡され、家の者が食事をととのえてくれた。

しばらくして、三人はこの家から通詞役のトコロコフの家に移り住んだ。トコロコフは、大黒屋光太夫が四年前に蝦夷の根室に帰還した時、日本語通詞として同行し、その功によって給銀を四百枚もらい受けるようになっていた。かれは、さらに儀兵衛たちを世話することで、一層役所から好遇されたいと考えているようだった。

新蔵と庄蔵

儀兵衛たちの前に、一人の男が現われた。

ロシア人より背が低く、髪の毛も瞳も黒い。服装も髪形もロシア人と同じであったが、顔つきが日本人そっくりで巧みな日本語を話す。

儀兵衛たちは驚き、

「いったい貴方様は、いかなるお方でございますか」

と、たずねた。

「御不審に思われるのはもっとものことです。私は、日本の伊勢国生れの新蔵と申す者。先年、海を漂い流れ、船頭大黒屋光太夫と申す者たちとこの国に漂着し、その後、船頭たちは帰国いたし、私はこの地に残ったのです」

と、男は言った。

新蔵は、洗礼を受けてイルクーツクに残留後、教師として毎日日本語学校に出向き、少年六人に日本語を教え、俸給銀四十枚を受けていた。

儀兵衛たちは、日本人に会えたことに驚き、喜んだ。

その後、どのような役所のはからいがあったのか、儀兵衛たちは新蔵の家を宿所とするようになった。新蔵はかれらを世話することで、俸給が銀百二十枚に加増された、と言った。

新蔵の家に行った儀兵衛たちは、そこで義足をつけた一人の日本人を眼にした。凍傷におかされて左足を切断され、その悲しみから洗礼を受け、帰国できなかった大黒屋光太夫船の庄蔵であった。

庄蔵は不自由な体で一人暮しもできず、新蔵のもとに身を寄せていた。儀兵衛たちは、またも日本人に会えたことをなつかしがり、庄蔵も大いに喜んだ。

しかし、儀兵衛たちは、庄蔵が新蔵にうとまれているのを知った。庄蔵は善良な性格で、時折り故国のことを思って涙ぐむ。冷静で、帰国することをすっかり諦めている新蔵は、そうした庄蔵の未練がましさに嫌悪感をいだいているらしく、冷くあしらう。荒々しい言葉を投げつけることも多かった。

その頃、善六の身に変化が起っていた。

善六は、日本文の読み書きがきわめてすぐれ、頭脳も良かった。ロシア語の日常的な会話のおぼえも早く、そのことに通詞役のトコロコフと新蔵が注目した。

二人は善六に、帰国などということはおぼつかなく、それよりもロシアにとどまって通詞役として仕官すべきだ、と繰返し説いた。日本語教師となって通詞役となれば、それ相応の俸給を得、なに不自由ない生活をすることができる。

トコロコフと新蔵は、頭のよい善六を通詞役として役所に推挙すれば、それは役所を喜ばせ、それが自分たちの俸給加増にもつながる、と考えた。それに新蔵は、一人でも多く日本人に洗礼を受けさせ、自分と同じ境遇に身を置かせたかった。

洗礼を受けることは、キリシタン禁制をしく故国日本への帰還の道を断つことを意味する。再び日本の土をふむことはできなくなる。

善六は、日本語教師になるようにというトコロコフと新蔵のすすめに耳をかたむけながらも、それが教会で洗礼を受けることにつながるのを知っていた。ロシア人たちは生れついてからギリシャ正教の信徒になっていて、通詞役として仕官するにはそれが絶対必要条件であった。

仕官は、帰国を断念することにつながる。善六も、他の水主たちと故国へもどりたいと願っていて、その夢をかなぐり捨てることはできなかった。

そうした善六に対して、特に新蔵は執拗に説得を繰返した。

新蔵と同じ船でロシアの北端の島に漂着した大黒屋光太夫は、二人の水主と故国へ帰っていったが、その間に十二人が病死し、帰国願いが許可されるまでには都へ行って女帝に直訴するなど、想像を絶した努力をつづけた。

幸いに光太夫たちは帰国が許されたが、それは奇蹟とも言うべき偶然のことで、善六たちが同じ僥倖《ぎょうこう》にめぐまれるとは到底考えがたい。

過去に長い年月にわたって日本の船が相ついでロシア領に漂着し、それらの船に乗っていた漂流民たちは、日本へもどることを悲願としながら、光太夫たち以外にはそれを果すことができなかった。

かれらは、やがて帰国の願いがむなしいものであるのをさとり、このロシアで安らかに生きるべきだと思い直した。それには洗礼を受けるのが前提で、教会に行って洗礼を受け、必然的に日本語学校の教師となり、豊かな収入を得てロシアの女性を妻として家庭を持ち、子ももうけた。

それが漂流民の宿命であり、安穏に生きてゆく唯一の道だ。

このような説得に、善六の気持はゆらぐようになった。新蔵の言葉は筋道が通っていて、それに反論できるものはない。

かれは、新蔵が役所から家をあたえられ、なに不自由なく暮しているのを眼にしていた。一介の船乗りにすぎない新蔵が、肉体労働することもなく日本言葉の手習い師匠(教師)として自尊心もみたされて日を過している。

新蔵は、船乗りの常として日本文は平仮名だけしか知らず、それでも文字を知っているということで役所に重く見られている。それに比べて善六は、平仮名はもとより漢字の読み書きもでき、日本言葉の手習い師匠として新蔵よりも優遇されるはずだ、と思った。

仮に万が一、幸運にめぐまれて日本へもどることができても、異国に漂流して帰還した者は、故郷の地から一歩も出ることは許されない、ときいている。船に乗るなどは論外で、船乗りの仕事しか知らぬかれは、生活の費《ついえ》を得る手だてもなくむなしく老いさらばえて死ぬ以外にない。

善六は、あれこれと思案し、ロシアにとどまって後半生をすごすべきだ、と決意し、その旨を新蔵とトコロコフに伝えた。

二人は喜び、善六を教会に連れて行き、洗礼を受けさせ、善六はバイトロ・ステパノイチ・キセロフと名を改めた。

善六は、自分だけが洗礼を受けたのが淋しく、同宿の辰蔵と儀兵衛に、新蔵がかれを説得したように言葉をつくして洗礼を受けるようすすめた。帰国できるなどということははかない夢にすぎず、それよりもロシア人として生きてゆくことを考えるべきだ、としきりに説いた。

辰蔵は才智にたけた善六に従順で、強いすすめにしたがい、教会に行ってアンドレイ・アレクサンドロヴィチ・コンドラトフという洗礼名を受けた。

儀兵衛は、思いもかけぬ善六のすすめに激しく反撥した。帰国するのはおぼつかないと察してはいたが、かれの菩提寺は禅宗で、異国の宗教に宗旨がえをすることなどは考えもしなかった。

なおも説得をつづける善六に、儀兵衛は憤りをおぼえ、善六、辰蔵との仲は険悪化した。

その頃、新蔵の身に、個人的な事情が生じていた。

独身だった新蔵は、マレウェヤノ・ムジへイオナという婦人とねんごろになり、教会で結婚式をあげ、家に迎え入れた。

そのため、新蔵の家に同居していた「神昌丸」の漂流民庄蔵と善六、辰蔵、儀兵衛は他に移ることになり、善六と辰蔵は行を共にし、儀兵衛は庄蔵と家をさがして同居した。

儀兵衛は、不自由な体でうとまれながら新蔵の家ですごしていた庄蔵に同情していた。

庄蔵は病いにおかされて病床に臥《ふ》すようになっていて、儀兵衛は心をこめて看病した。病勢は進み、その年の夏、儀兵衛に見守られて息を引き取った。享年四十五歳であった。

儀兵衛は、遺体を長い寝棺におさめて教会の墓地に運び、埋葬した。新蔵たちは一人も姿を見せなかった。

後発組の到着

善六と辰蔵は、新蔵を通じて役所の者から、オホーツクに残っている同船の水主十二名が、追々オホーツクを出発してイルクーツクにむかって旅をしていることを耳にした。二人は、親しい民之助と八三郎宛の書状を書き、オホーツクへ行く飛脚に託した。飛脚はヤクーツクをすぎ、オホーツクにむかう途中、五月中旬、馬をつらねてやってきた後発組の漂流民一行とオスコタという地で出会った。それは五月上旬にオホーツクを出発した左太夫、銀三郎、茂次郎、左平、太十郎の一団であった。

飛脚は、イルクーツクにいる日本人からとどけて欲しいと頼まれた手紙だと言って、それを左太夫らに渡してオホーツク方向に去っていった。

手紙の宛名は、民之助、八三郎となっていたが、左太夫たちはイルクーツクに先行した者たちのことが気がかりなので、開封した。

そこには、善六と辰蔵が教会で洗礼を受けてギリシャ正教の信徒となったこと、やがて仕官して俸給も銀三、四百枚を受けるはずなので喜んで欲しい、といった趣旨のことが記されていた。

左太夫たちは、どのような意味であるのかわからず、首をかしげた。また、送り主が先行した三人のうち善六と辰蔵で、儀兵衛の名はなく、書状にもかれについてふれた記述はないので、病死したのではないか、と思った。

左太夫たちは旅をつづけ、ヤクーツクをへてその年の十一月にイルクーツクに到着した。

かれらは、一人で住む儀兵衛と会い、善六と辰蔵が洗礼を受けて宗旨がえをしたいきさつをきき、ようやく事情を知ることができた。かれらは、善六と辰蔵が宗旨がえをしたことに身をふるわせ、善六と辰蔵のもとへは行かず、儀兵衛の家に同居した。

オホーツクに残ったのは、津太夫ら七人であった。

かれらは最後発組として、七月三日に役人にともなわれてオホーツクを馬をつらねて出発した。荷を背につけた馬もいて、ヤクート族の者が先頭の馬に乗って案内した。

道中、山々が多く、道と言ってもはっきりしたものはなかったが、先に立つ馬が方向を熟知していて、その後から他の馬がつづいた。夏の末だというのに谷には氷が残っていて、その上を通ることもあった。

蚊がおびただしく、靄《もや》のように群がる中を進む。顔、手足を布でおおい、馬は蚊に黒くおおわれていた。

その月の二十九日に、ヤクーツクについた。

市五郎が吹出物で苦しんでいて、症状が悪化し、役所から医師を宿所に派遣してくれた。医師は水薬を飲ませ、赤い草の実を食べるようにと言ってあたえてくれた。

しかし、症状はおさまらず、役所では施療院に入院させてくれた。

津太夫たちは施療院へ見舞ったが、広い部屋に病人が二、三十人も寝ていて、市五郎は薬をのみ、寝台に臥していた。

かれを残して出発することもできず、津太夫たちはこの地に滞留していたが、市五郎の病勢は急に悪化して息を引き取った。

津太夫たちは声をあげて泣いた。ギリシャ正教の信徒ではないので教会の墓地に葬ることは許されず、野外に穴を掘って細長い棺を埋めた。異国の地で死亡した市五郎が哀れで、かれらは長い間その場に立っていた。

かれらはヤクーツクを出発し、十二月下旬にイルクーツクに到着した。

津太夫は、善六と辰蔵が洗礼を受け、先行した儀兵衛、左太夫、銀三郎、茂次郎、左平、太十郎がそれに反撥して儀兵衛の家に住んでいるのを知って驚いた。

もとより津太夫ら六名は、宗旨がえをした善六と辰蔵に嫌悪感をいだき、儀兵衛の家の近くの家にひとかたまりになって腰を落着けた。

二派に分裂

善六と辰蔵は、津太夫らの住む家に来て、親しい八三郎と民之助を呼び出した。かれらは、八三郎と民之助を説得し、それによって八三郎と民之助は善六、辰蔵にともなわれて教会におもむき、洗礼を受けた。あたえられた洗礼名は、八三郎がセミョン・ゲレゴロヴィチ・キセリョフ、民之助がミハイル・ジェラロフで、二人は善六、辰蔵の家に同居した。

これによって「若宮丸」の漂流民たちは、二つに分裂し、互いに悪感情をいだいて交流することも絶えた。

その後のかれらの生活には、大きな差があった。

才智にたけた善六は、日本語学校の教師となり、辰蔵、八三郎、民之助もそれに準ずる者として扱われ、役所からなにがしかの金をあたえられていた。帰国後の津太夫らの記録によると、善六たち四人は「惰弱《だじやく》にのみ日を暮し、只《ただ》飲食等に奢《おごり》をなし……」とあり、裕福に暮していたことがうかがえる。

それとは対照的に津太夫らの生活は、きわめてきびしいものであった。役所からは一人あたり月に銅銭三百枚ずつが支給されていたが、それは辛うじて飢えをしのぐ程度の金であった。

冬の寒気はすさまじく、それを防ぐ衣類を身につけなければ凍え死ぬ。町の豪商キセロフが、漂流民に温かい手をさしのべてくれていたので、津太夫らはキセロフの紹介でそれぞれ賃仕事を見つけて必死になって働いた。儀兵衛は、パン（麦餅）をつくって売り歩き、他の者は家普請の手伝いをしたり遠方へ行って漁師の手助けをしたりして、僅かな賃金を得る。津太夫は、漁網づくりに雇われていた。

そのような乏しい収入しかなかったので、かれらは安物の羅紗《らしや》やびろうどを買って着用していた。

そうしたかれらには、洗礼を受けたことで何不自由なく暮す善六ら四名の者に対する反感がつのり、それは憎悪にまでなっていた。

かれらは苦しい生活をつづけながらも、役所との交渉役をつとめてくれていた新蔵とは親しく付き合っていた。

帰国後、津太夫らが口述し記録された『環海異聞』には、新蔵のことについてかなり詳しく記述されている。

「新蔵今の名をニコライ・バイトルイチ・コロテゲノと申候」として、その洗礼名が書きとめられ、「日本文字師匠の役相つとめ、土地の学問所ぇ日々出勤、日本字手習の師匠いたし申候」と、日本語学校の教師をしていることをつたえている。

「新蔵当歳四拾二三なるへし」とあって、妻との間に男子二人、女子一人をもうけたが、妻は津太夫たちがイルクーツクに滞在中、病死したとある。

「後妻を娶《めと》る。其女の名カチリナ・ヱキフモオナ、歳三十ばかりと見ゆ」と、再婚したことが書きとめられている。

通詞としての新蔵については、

「(日本語は)いろはより仮名書位《ぐらい》出来候様子」で、ロシア語については「読ミ書キの事も能覚《よくおぼえ》」ているようで「入組《いりくみ》候懸合《かけあい》事并《ごとならび》ニ官辺への願書其外《そのほか》之書キ物等も、彼方（ロシア）の文法の事なれは自在に認取候様なり」とあって、複雑な交渉ごとの通訳、役所へ提出する願書その他の書類も、ロシア語で自由に書いているようである、と記している。

　これによると、新蔵は当時の船乗りの常として平仮名を書くことはできるものの、漢字の読み書きは知らないが、ロシア語については、「入組」んだ掛け合いごとの通訳を自由にこなすことができたようだ。

　またロシア語の書類も「自在に」書いたとあるが、それは漂流民から見たままのことで「自在に」とはゆかなかったにちがいない。しかし、少くともロシア文字で書くことはできたようだ。

『環海異聞』とともに、それを補充する帰国した津太夫らの口述を記録した『北辺探事』には、新蔵の性格が記されている。

「新蔵伊勢の産にて、生得《うまれつき》怜悧《れいり》、極めて才覚者と聞ゆるなり」。性格は薄情のようにみえ、異国の地で同じ家に住みながら、凍傷におかされて片足を失った庄蔵に対する扱いなどは、常に「不人情」であった、と……。

ついで、庄蔵がイルクーツクに先着した儀兵衛に会えたことを喜び、新蔵の家から儀兵衛とともに出て同居し、「介抱を受け、終《つい》に死失せしは、憐れにいとをしきおのこなり」と、庄蔵に同情している。

イルクーツクは戸数三千ほどの町で、『環海異聞』には、漂流民たちが町をよく観察したことが記されている。家のつくり、寝室、厠《かわや》、風呂などに好奇の眼をむけている。飲食については、麦餅（パン）、牛肉、牛乳、野菜、コーヒー、酒、煙草等、そのつくり方にまでおよび、食事の仕方では、小刀（ナイフ）、叉《くまで》（フォーク）、食匙（スプーン）の三つの道具を使うとも記されている。

その他、服飾、寺院（教会）、出産、婚礼、葬礼、祭礼、役所、武器、刑獄、貨幣、距離の測定、楽器、医療、動植物、言語等が、仔細に書きとめられている。

葬礼の部分で、イルクーツクに到着してから三年後の寛政十一年（一七九九）二月二十八日に、吉郎治が病死したことが記されている。

吉郎治は、沖船頭平兵衛の補佐役である船親父《ふなおやじ》で、七十三歳という高齢であった。かれは、なじめぬ食物に僻易《へきえき》しながらも若い者にまじって生きてきたが、老いには勝てず病いを得たのである。

病いが重くなった頃、死を覚悟した吉郎治が苦しげな声で一同を呼び寄せた。

「私は、このように重い病いにかかり、この異国の地で死なねばならなくなった。これまでは、命ながらえて日本へ帰りたいと朝夕神仏に祈ってきたが、その甲斐もなく死ぬのはまことに残念だ。私は死んでも魂はこの地をはなれ、日本へ帰る」

吉郎治は、弱々しい声で言い、

「みなも病気などせぬように体を大切にして、命ながらえ、早々に日本へ帰り、私が死んだことを家族に伝えてくれ」

と、さめざめと泣き、次第に声もかすかになった。

そのうちに念仏を二度三度唱え、息絶えた。

一同、声をあげて泣き悲しんだ。

湯灌《ゆかん》をし、髭を剃って髪をととのえ、棺屋で買ってきた寝棺におさめた。

信徒の遺体は教会附属の墓地に埋葬し、石碑を立てる。しかし、信徒でない吉郎治の遺骸はそのようなことは許されず、町から遠くはなれた信徒でない者の遺骸をほうむる墓地に埋葬することになった。

墓地は厚い氷雪におおわれていて、かたく氷結し、墓穴を掘ることはできない。そのため暖い時期にさまざまな深さの墓穴を掘っておくロシア人がいた。

津太夫たちは、その墓穴の一つをロシア人から買いもとめ、棺を橇《そり》にのせて墓地へ運び、墓穴におさめた。

やがて雪も氷も消えた頃、津太夫たちは墓地に行き、そこに日本風の墓石を建てた。碑面には、「日本国奥州仙台牡鹿郡小竹浜　安部屋吉郎治　寛政十一年二月廿八日　七十三歳」と刻まれた。その漢字をだれが書いたのか、津太夫たちの中に漢字の素養をもつ者がいたのだろう。

かれらは、時折り連れ立って墓地に行き、墓前で手を合わせた。

大黒屋光太夫が、小市、磯吉とともに帰国できたことを津太夫たちは知っていたが、それは僥倖中の僥倖で、自分たちが帰国できるとは思えなかった。吉郎治のようにこの異国の地でむなしく死を迎えるのだろう、と嘆いていた。

第三章　ペテルブルグ

皇帝の命令書

イルクーツクに来て、七年が経過した。

享和三年（一八〇三）三月初旬、町役人から日本の漂流民に御用の向きがあるので、そろって役所にくるようにという命令がつたえられた。

一同、なんの用かと思い、善六たちをまじえて十三人が出向いていった。

代官が言うには、漂流民をそうそうに帝都に連れてくるようにという皇帝の命令書をたずさえた役人が来たので、その役人とともに都に行くように、という。

一同かしこまってうけたまわり、役所を出るとそれぞれの宿所にもどって旅の仕度をととのえた。

それを知った新蔵は、かれらとともに都へ行きたいと思い、町役人にその旨を申し出た。しかし、それを町役人からきいた役人は、皇帝からの命令は漂流民のみくるようにというものであると言って、それを拒絶した。

それでも新蔵は諦めきれず、津太夫に会って力を貸して欲しい、と頼んだ。新蔵に世話になっていた津太夫は承諾し、役人に通詞として新蔵が同行してくれれば、どれほど心強いか知れぬ、と訴え、役人は協議の末、もっとものことだとして、新蔵の付添いを認可した。

役所では、津太夫らに旅仕度として羅紗の服、股引（ズボン）、沓などをあたえ、都ではどのような品物でも自由に入手できるので、不要な物は売り払い、身軽になって行くようにと指示した。しかし、これと言って売れるような物はなく、不要な物を親しくなった人たちにあたえて、出発の日を待った。

三月七日、役所から出発するという連絡があり、一同役所に行き、都からきた役人たちと馬車に分乗してイルクーツクの町をはなれた。馬車はそれぞれ四頭立てで、役人は先頭の馬車に乗り、その馬には皇帝の御用であることをしめす特別の鈴がつけられていた。町役人は、町はずれまで送ってきた。

宿場宿場では、都の役人の威光を恐れ、鈴の音に急いで馬を引き出し、手ばやく馬を代える。そのため遅滞することなく、馬車の列は進んだ。

イルクーツクをはなれた翌日、左太夫と清蔵が、馬車の速度がはやいため激しい乗物酔いになった。

次の日も二人は馬車に乗っていったが、顔面は蒼白で嘔吐をつづけ、到底旅をつづけられる状態ではなくなった。そのため津太夫が役人に申し出て、その地に二人を残して療養させ、回復次第、馬車の便を得て都へ送りとどけてくれるよう頼んだ。役人は、承諾した。

馬車の列は、二人を残してその地をはなれた。馬車は、昼夜の別なく走りつづけ、食事も車の中でし、馬からおりるのは用便の時のみであった。

寒気がきびしくなり、馬車は雪道を走った。

トンスケ（トムスク）、エカテリンブルグを過ぎ、ペリマ（ペルミ）という美しい町についた。

その町につく前から銀三郎が高熱を発していて、顔から体中におびただしい赤い発疹がみられた。麻疹《はしか》のような症状で、呼吸が荒く、旅をつづけることは不可能になった。そのため、津太夫はかれをこの地にとどめて治療を受けさせてもらい、平癒《へいゆ》次第帝都まで送りとどけて欲しい、と役人に頼んだ。これも役人は承諾し、医師を呼んで治療にあたらせた。

銀三郎を残してペリマをはなれ、ガザニ（カザン）を過ぎてモスクワという大都会についた。

そこは旧都で、町の道はすべて敷石で、つらなる石づくりの家は華麗であった。

一行は、大きな構えの家に一泊し、翌朝、都のペテルブルグへの道を進んだ。その道も敷石で、平坦な道がまっすぐにのびていた。

四月二十六、七日、馬車の列はペテルブルグの町へ入った。

イルクーツクから五十日ほどの旅であったが、津太夫らと洗礼を受けた善六ら四人は道中、口もきかず近寄ることもしなかった。イルクーツクでの貧富の差の大きさが両者の深い溝になっていて、津太夫たちは、異国の宗教に宗旨がえした善六たち四人に憤りと蔑みの念をいだいていた。

侯爵

到着すると、すぐに付添いの役人が高官の大きな屋敷に連れて行き、二階を宿舎としてくれた。

その高官は、日本でいう老中（大臣）と同じ格式の侯爵で、外国に関することをつかさどっていた。津太夫ら漂流民をイルクーツクから呼び寄せたのも、皇帝の命を受けた侯爵の取りはからいであった。

その夜、津太夫らを連れてきてくれた役人にうながされて、一同、三階の大広間に行った。

いくつかの部屋に仕切られていたが、それは日本の二百畳敷き以上の広さで、四方がガラス障子（窓）であった。

津太夫たちはその中の一つの仕切られた部屋に入り、付添いの役人を筆頭に一同が横に並んだ。

やがて正面から外国掛老中の侯爵が、伯母とともに出てきて、家臣四、五人が左右にひかえていた。

津太夫たちは頭をさげ、それにこたえた侯爵がなにか言った。

通詞らしい若い役人が一歩前へ出ると、

「貴方タチハ、日本へ帰リタイカ。ソレトモコノ国ニトドマリタイカ。イズレトモ望ミ次第。各人ノ望ミ通リニナサルノガ、ワガ皇帝ノ慈悲ニミチタ思召シデアル」

という趣旨のことを、たどたどしい日本語で通訳した。

津太夫、儀兵衛、左平、太十郎、茂次郎、巳之助の六人は、それぞれ、

「なにとぞ日本へ帰していただきたく存じます」

と、真剣な眼をして答えた。

侯爵がなにか言葉を口にし、再びそれを通詞が通訳した。

「至極モットモノコトデアル。ワガ皇帝ハ、異国ノ人ニコトノホカ憐レミヲイダカレテイルノデ、ソノ方タチハ少シモ心配スルニハ及バナイ。安心シテイルヨウニ……」

侯爵の顔には、おだやかな笑みがうかんでいた。

その間、付添ってきた役人が、津太夫たちに新蔵が同行してきたことを侯爵につたえていなかったので、新蔵は部屋の外にいた。

付添いの役人が、侯爵にそのことを述べると、侯爵は諒承し、新蔵を部屋に呼び入れた。

新蔵に侯爵から二、三の質問があり、新蔵はかしこまって、それにロシア語で答えた。侯爵は、善六、辰蔵、八三郎、民之助に、帰国を願うか、ロシアにとどまるかを問い、四人はそれぞれロシアに残留したいと述べ、新蔵の通訳でそれを知った侯爵は諒承した。

これによって一同のお目通りはすみ、かれらはそれぞれの部屋にもどった。自然に帰国希望組とロシアにとどまる者たちが、別々の部屋に入った。

付添ってきた役人の役目はこれで終り、イルクーツクから日本の漂流民をとどこおりなく連れてきた功によって、後に金貨を賜り褒美の品をあたえられたときいた。

侯爵の館《やかた》での扱いは、念の入ったものであった。

朝は麦餅と茶だけであったが、昼食と夕食には九品もの料理がつぎからつぎに出された。

津太夫たちは、テーブルのまわりに置かれた椅子に坐って食事をとり、料理を給仕人が運んできて各自の前に置く。麦餅に添える汁（スープ）は、塩で味つけをしたもので、牛肉、鶏肉、豚肉、山羊《やぎ》肉などに少量の米を入れて煮つめてある。漂着以来、米を口にしたのは初めてで、それに麦醸酒《ムギサケ》、葡萄酒《ぶどうしゅ》が食事の折に出された。

料理の味は、これまで口にしたこともない結構なものであった。

館の中の部屋には、木製の脚のついた大理石のテーブルが据えられていた。虎斑《とらふ》、紫色、白色、卵黄色《タマゴ》などさまざまな色の大理石で、厚さ四寸（一二センチ強）、大きさは一畳ほどの見事な造りであった。

館内には、周囲がガラスでかこまれた草花を栽培する所（温室）があった。中央は花壇になっていて園丁が時々温度、湿度を調整し、花を開かせ実をむすばせる様子であった。ロシアに来て、初めて花を見、実を見たが、厳寒の国なのでこのような栽培をしなければ花は咲かぬのだ、ということだった。

外に出る時は、四頭立ての馬車を用意してくれた。ガラス窓がついていて町のたたずまいが見える。内部は美しく織られた布がはられていて美麗であった。

その馬車に乗って侯爵の別荘に行ったり、千五百人乗りだという大きな軍船を近くで見たりした。

侯爵の家臣が、近日中に皇帝（アレクサンドル一世）が漂流民一同を御引見下さる旨の連絡が王室からあったことを伝えた。漂流民たちは思いもかけぬ話に驚き、恐れ多いことと身をふるわせた。

皇帝に拝謁《はいえつ》する折には、日本の衣服を必ず着用すべしということであったが、着物はいずれも着古して途中で捨てて所持していなかった。

それでは、ということで一同役所に連れてゆかれ、そこには、衣服の仕立て職人が待っていて、一人ずつ裄《ゆき》、丈《たけ》の寸法をとった。

新蔵が着物の図をえがき、それについて説明し、さらに羽織、帯の形もえがいた。職人は新蔵とさかんに言葉を交し、何度もうなずいていた。

その後、仕立てが出来たというので、再び役所へおもむいた。

縞繻子《しまじゅす》の着物と羽織、帯がそれぞれ仕立てあがっていて、一応形がととのっていて一同満足した。腕のいい職人のようであった。

かれらは、それらをかかえて侯爵の館にもどった。

皇帝に拝謁

五月十五日、侯爵の家臣から明日、皇帝に拝謁することになったので、用意しておくように言われた。

日本の衣服を着るからには、丁髷をゆわねばならぬということになり、前頭を剃って月代《さかやき》にし、互いに髷をゆい合った。

翌日は体を清め、仕立てた着物、羽織を身につけた。侯爵は、早目に宮殿におもむいていた。

侯爵の家臣に付添われた十人が、四頭立ての馬車に乗って侯爵の館をはなれた。
三、四町行くと、川のほとりにある宮殿が見えてきた。城のようなものと想像していたが、五階建ての屋敷で、三方が堀になっている。石造りで、馬車が五輛並んで通れるほどの広さの大門の両側には、鉄砲を手にした番人が立っていた。
門をすぎて宮殿入口の前で停った馬車から降りると、案内の役人が待っていて、内部へ導かれた。

ゆるやかな広い幅の階段を、役人の後についてのぼっていった。

三階には、別棟の建物との間に石橋がかけられていて、橋の下は唐門《からもん》のようになっていて馬車が通れるようになっていた。

大きな扉のある部屋をいくつも過ぎた。いずれもガラス障子で仕切られ、壁には半間（〇・九メートル）ごとに一丈二尺（三・六メートル）ばかりもある大鏡がかけられ、非常に明るく綺麗であった。

役人が、豪華で美しい大広間を見せてくれた。それが拝謁の間ということで、ほどなく拝謁がおこなわれると言い、一同、近くの部屋にさがった。

皇帝は食事の時間であるということで、半時《はんとき》（一時間）ほどその部屋に控えていた。やがて、かれらは拝謁の間に行った。年齢順に座席がさだめられていた。

役人が四、五人ひかえ、その中の役人の一人が、一同に、

「拝謁ノ時、陛下カラオタズネナサル事モアルダロウ。コノ国ニトドマリタイカ、又ハ帰国シタイカト御下問ガアッタ時ニハ、思ッタ通リノコトヲ正直ニ陛下ニ申シ上ゲルヨウニ……」

と言い、新蔵が通訳した。

しばらくすると、侯爵が先に立って皇帝をはじめ母后《ぼこう》、皇后、弟君が出てこられた。母后は皇帝が自ら手をひいていた。

ロシア皇帝アレクサンドル一世夫妻（国公）

皇帝の容貌はうやうやしく威厳があり、津太夫はもったいなく恐れ多いと思った。

水主《かこ》たちは床に膝をついて、平伏しようとしたが、傍らに付添っていた役人が、

「コノ国デハ、立ッテ拝謁スルノガ礼儀デアル。平伏シテハイケナイ」

と言うので、皆、立って頭を少しさげた。

母后が歩み寄ってきて、並んでいる水主たちに眼をむけながら、こちらのお方は皇帝、皇帝の弟君、皇后と紹介した。

ついで皇帝が近づいてきて、

「汝タチハ日本へ帰リタイカ」

と、言った。

一同、恐れ多くかしこまっていると、侯爵

が、

「陛下ハ、貴方タチガ帰国シタイカ、ソレトモトドマリタイカ、望ミ通リニサセテアゲタイトイウ思召シデアル。思ウ通リニ申シ上ゲナサイ」

と言い、新蔵が通訳した。

十人の水主は、一人一人答え、それを新蔵がロシア語で陛下に伝えたが、思いがけぬことが起り、津太夫たちは顔色を変えた。

茂次郎と巳之助は帰国を切に願っていたが、なぜ心変りしたのか、皇帝に対して、

「私どもは御当国にとどまりたく存じます」

と、答えた。

津太夫、儀兵衛、左平、太十郎の四人は驚きながらも、それぞれしぼり出すような声で、

「なにとぞ故国へ帰りたくお願い奉ります。十年も異国におり、ひとえに帰国いたしたいのです」

と、皇帝に申し上げた。

それを新蔵の通訳できいた皇帝は、四人の顔に眼をむけながらにこやかな表情をして
うなずきながら近づき、
「ソウデアロウ。帰リタイト思ウノハ、甚ダモットモノコトデアル」
と、一人一人の肩に手をおいて言った。
皇帝は、あきらかに帰国を願う津太夫ら四人に好意と関心をいだいていて、ロシアに
とどまりたいと申し上げた善六たちには眼をむけることもしなかった。
皇帝の衣服は、上質の藍《あい》の羅紗《らしゃ》で、左肩に銀糸でつくられた星がついていた。お年は
二十七歳、弟君は二十三、四歳とのことであった。
母后と皇后は、両方の耳朶《みみたぶ》に孔をあけて、そこから見事なもの（イヤリング）を垂れ
さげ、襟にも金の玉をつらねた数珠《じゅず》のようなもの（ネックレス）をかけていた。
侯爵が、一同に、
「今日ハ珍シイ見世物ガアル。貴方タチヲソコヘ連レテ行キ、見物サセルヨウニトノ陛
下ノ御命令デアル」
と、言った。

これによって拝謁その他のことはすべて終り、皇帝は皇后をはじめ皆々と奥へ入られた。一同も宮殿を退出した。

球状の袋

ただちに役人に付添われて馬車で見世物のおこなわれる場所へ行った。

ネワ河に四間（七・二メートル）ほどの長さの船三十六艘を鉄鎖でつないだ「船橋」があって、三台の馬車が並んで通れる幅があった。

水主たちが馬車で船橋を渡って島につくと、囲いのある見物場所の中には多くの見物人が集っていた。

しばらくすると、皇帝の御入来があった。

広場の中央に一間（一・八メートル）ほどの小舟が置かれていて、その上に大きな球状の袋がむすびつけられていた。

舟の中に男と女が入り、小旗を手に見物人にむかってふると、なにか口上のようなことを大きな声で言った。新蔵の話によると、大きな球状の袋をつなぎとめている綱をはなすと、袋が舟を吊りさげたまま空に上昇すると言っている、という。

そのうちに、綱をはなすと、舟が袋とともにゆっくりと上昇した。群集が天を仰いではるかにこれを見ていると、かすかに見えるほど高く昇ってゆき、南にさして走り、見えなくなった。（小舟を吊り上げて空高く昇ったこの袋はなんであったのか。後に津太夫たちがロシアの使節船で長崎に送り還された時、ロシア人が宿屋で紙でつくった球状の袋の底に穴をあけ、火鉢で小柴を焚いて煙を穴から入れた。煙が袋に充満すると、球状の袋は部屋から外に出て空を上昇し、水主町《かこまち》の人家の屋根に落ちた。袋から煙がぱっと出て火災のようになって人々が集り大騒ぎになったが、火災ではなく煙が出ただけであることがわかり、騒ぎもしずまった。皇帝も御覧になった見世物の空に昇って見えなくなったこの球状の大きな袋も、同じ仕掛けのものだったのだろうか。）

気球見物（国公）

その後、皇帝の指示であるらしく、水主たちは役人に付添われてさまざまなものを見せてもらった。

宝物殿のような庫《くら》の中では植物や剝製《はくせい》にされた鳥、獣類。世界各国の衣服を集めて保管している庫にも入った。これは日本の衣服で見おぼえがあるだろう、と役人に言われたが、着物とは程遠いものであった。それでもよく見てみると、布に家紋がついていて、紋つきの着物が破れて使えなくなり、それを他の衣服に縫い合わせたもののようであった。南部船の漂流者などが使っていたのだろうか、そのような古びた粗末なものが他国の立派な衣服とならんで陳列されているのが恥かしかった。

月と星が光る

石づくりの十間（一八メートル）四方ほどの二階建ての建物にも案内され、戸口の錠をあけて中へ入った。

中央に直径四間（七・二メートル）程度の大きな球状のものがあって、その一部にもうけられた小さな入口から入ると、内部は空洞になっていた。腰掛けが並んでいて、それに坐ると、大仏の胎内に入ったような感じであった。

どのような仕掛けのものかと思っていると、係の者がハンドルをまわした。すると、入口の戸がしまって内部が暗くなり、上方に月とおびただしい数の星があらわれた。

水主たちは驚き、身じろぎもせず美しく光る月と星を見上げていた。

しばらくすると、係の者がハンドルをまわし、入口の戸が開いて明るくなり、月と星の光が消えた。

どのような仕掛けなのか、水主たちは呆気《あっけ》にとられて球の外に出た。

それから役人に導かれて、梯子《はしご》で二階にあがった。

球の上半分が露出していて、手すりにもたれてこれを望むと、球の表面には全世界の地図がえがかれていた。役人がここはロシア、あちらは日本である、とさししめした。

さらに宮殿内で、芝居見物もした。皇帝と陪従《ばいじゅう》の者たちと水主たちだけであった。

舞台は十間ほどの長さで、場内は暗かったが、おびただしい蠟燭《ろうそく》が次々にともされて真昼のようになった。

舞台の前に楽隊が並んでいて、笛、太鼓、琴、胡弓などを奏で、それに合わせて歌がうたわれた。役者は、男は男、女は女を演じて、女形《おやま》はいない。踊りの狂言は、男女十九人ずつ二手にわかれて踊る。五、六尺ほど飛びあがったり、足をつま先立ててくるくる回って踊ったりする。その折には見物する者は拍手し、皇帝が感心して拍手すると、陪従の者たちはこれに応じて拍手しなければならないようであった。

宮殿外の市中の大劇場でも、芝居見物をした。

捨子を養う施設も、見学した。

子供を生んでも養えない貧しい女は、深夜、その施設の前に行って表通りに面した窓をたたくと、内部から引出しのような箱が出される。女はその中に子供の生年月日、生れた時刻を記した札を添えて子を入れ、立ち去る。

子は施設の乳母が育て、成長すると施設内にいる諸芸道の師匠から稽古ごとを習い、好みの仕事につかせてくれる。

親が成人した子を引取りたい時は、生年月日と時刻を記した札を持って行くと、施設に保管されている札と照合して引渡してくれる。

これは、すべて皇帝の温かいおとりはからいである、ということだった。

大きな地球儀（国公）

球状のものの内壁に
月と星が（国公）

市中の劇場で芝居見物（国公）

宮殿での拝謁で漂流民は、ロシア残留組六人、帰国希望組四人と確定し、別々の部屋で起居するようになった。

皇帝に拝謁した時、突然、茂次郎と巳之助がロシア残留を希望したことは、帰国希望の津太夫らは予想もしなかったことで、不可解であった。

津太夫たちはあれこれと、なぜなのかと話し合い、才気走った善六が二人を言葉巧みに説得し、承諾させたにちがいないと言い合った。善六に、仲間を引き込んだ罪深い男だと怒りをおぼえたが、その並々ならぬ才覚に恐れもいだいた。

津太夫たちは、イルクーツクを出発して間もなく乗物酔いで下車した左太夫と清蔵が、イルクーツクにもどったという話をきいた。二人は激しい乗物酔いに苦しみ、それ以上馬車での旅は到底できぬと考え、イルクーツクにもどっていったにちがいなかった。帰国を強く望んでいた二人が、乗物酔いのためそれを断念し、ロシアの地で死を迎えねばならぬことが気の毒であった。

途中、ペリマで麻疹《はしか》にかかって残留した銀三郎も、平癒次第都のペテルブルグに送りとどけてくれる、とその地の役人は言っていたが、いつまでたっても、銀三郎の姿は現われなかった。銀三郎も帰国を強く望んでいて、病勢が進んで死亡したならば、その報せがあってもしかるべきなのに、それもない。津太夫たちは、釈然としない表情で日を過していた。

皇帝に拝謁した折のことも、話題にのぼった。

皇帝は、帰国を希望する四人が、その切なる願いを口にすると、おだやかな表情でうなずき、

「帰リタイト思ウノハ甚ダモットモノ事デアル」

と言って、一人一人の肩に手をおかれた。

それとは対照的に、ロシア残留を望む者たちには声をかけることもせず、むろん肩に手をふれることもしなかった。

それは、いったいなぜなのか。

十一年前の寛政四年（一七九二）九月に、大黒屋光太夫と小市、磯吉が遣日使節ラックスマンと根室についた。ロシア領に漂着した漂流民の中で、初めて日本に帰りつくことができた者たちであった。

翌年六月、江戸から派遣された幕府の高級役人がラックスマンと会い、ラックスマンは国書を提出し、交易を要請した。

高級役人は国書を受取らず、交渉は長崎以外では一切応ずることはできないと告げ、重ねて来日した場合のために長崎入港を許す信牌《しんぱい》をあたえた。

これを受けたラックスマンは、光太夫、磯吉を高級役人に引渡し、ロシアに引返した。ロシア政府は、信牌を幕府がラックスマン使節にあたえたことは、ロシアとの交易をする用意があるものと解釈し、その旨を皇帝に報告した。

ロシアは、交易要求の使節を再び日本に派遣することを企てた。それには、ラックスマン使節が光太夫ら漂流民を送りとどけたように、漂流民を連れてゆく必要がある。ロシアが日本の漂流民を温かく保護し、さらに船を仕立て帰国させたことで、幕府の心証をよくし、それが通商成立にむすびつくと判断した。

そうしたことから、イルクーツクにいる「若宮丸」漂流民を都のペテルブルグに招き寄せ、さらに皇帝が宮殿で自ら親しく引見したのだ。

漂流民についての扱いをつかさどる侯爵は、イルクーツクから善六ら四人がロシア残留を希望しているという報告を受けていたが、あらためて残留か帰国かの希望を確認するため、自分の意思を皇帝に率直に申上げるよううながした。それにもとづいて皇帝は、引見した十人の漂流民にただしたが、意外にもさらに二人がロシアに残留したき旨を答え、帰国を望むのは津太夫ら四人のみであるのを知った。

残留希望者は日本との外交交渉の上ではなんの意味もなく、日本へ帰ることを切望する四人が日露通商の道を開く貴重な存在だった。そのため、皇帝は、四人の肩にそれぞれ手をおき、言葉をかけたのである。

侯爵は使節を日本に派遣した時、幕府の心証をよくするため、漂流民たちを馬車に乗せて珍しい見世物を見せ、宿所とする侯爵の屋敷でも、『環海異聞』に「滞留中の賄《まかない》、是迄《これまで》用ひざる結構なる調味なり」とあるように上質の食事で歓待したのである。

使節レザノフ

日本へ派遣される使節は、元老院第一局長をへて露米会社総支配人の要職にあったレザノフが任命された。露米会社は、北太平洋地域の貿易独占権を皇帝からあたえられて

いて、日本をふくむ東方地域への進出をはかるロシアの強力な機関で、遣日使節として
レザノフは恰好《かっこう》の人物であった。

レザノフは、十人の漂流民を新蔵とともに自分の屋敷に招いた。あらかじめどのような者たちであるかを知っておくためで、酒宴をひらいて歓待した。

かれは、日本へともなう四人を観察した。

津太夫五十九歳、儀兵衛四十二歳、左平四十一歳、太十郎三十三歳。これら帰国希望組と善六らロシア残留組とは互いに視線もそらせがちで、ぎごちない雰囲気であった。それを眼にしたレザノフは、両者の間に好ましくない対立があるのを感じた。

六月十一日、帰国希望組の津太夫らに、侯爵から役人を通して申し渡しがあった。この度、日本へ使節船が渡航することになり、四人の漂流民をその船に乗せるので出立の支度をするように、という趣旨のものであった。

津太夫ら四人は大いに喜び、「スパシーボ」と役人に感謝の言葉を繰返した。その日、四人はレザノフの屋敷に呼び出され、航海中必要とする生活用具、羅紗でつくった衣服などをあたえられた。

翌十二日、津太夫、儀兵衛、左平、太十郎は侯爵の屋敷を出立し、昼すぎにネワ河から小舟に乗った。役人三人と新蔵が同船し川筋を下った。

川幅は次第に広くなって、カナスダについた。

ここは都のペテルブルグへ出入りする港の由で「至て要害の地なりとぞ」と、『環海異聞』にある。

カナスダとはクロンシュタット軍港で、日露戦争の折に日本にむけてロシアの大艦隊が出撃した地である。日本海軍にまさる規模の艦隊は、対馬海峡で日本艦隊と交戦、惨敗を喫した。日本海海戦である。

「至て要害の地」というのは、まさしくその通りで、ロシア最大の軍港なのである。港には多くの大砲が据えられ、軍船も碇泊していて、翌日、津太夫らは新蔵とともに艀《はしけ》で一里余り沖へ出て、日本への使節船「ナジェジダ号」に乗った。

使節レザノフは、すでにその船にあって出帆の準備をととのえていた。

津太夫らはレザノフの前に出て、日本まで送ってくれることについて感謝する旨を、新蔵の通訳で申し述べた。

使節はうなずき、国王から下賜《かし》されたものだと言って、金貨二十枚と袂《たもと》（懐中）時計をそれぞれに渡した。皇帝は、先刻、船に来て船の者を激励し、日本のことを詳しく見てもどるように命じ、退艦したという。

ここまでついてきた新蔵は、津太夫らと別れの挨拶を交してペテルブルグに帰っていった。

その後、新蔵は、ペテルブルグからロシア残留組とともに妻子の待つイルクーツクにもどっている。

かれは、日本語学校の教師兼日本人漂流民の世話係として銀百二十枚の俸給を受けていたが、都へ漂流民に付添って通詞の役を果した功によって俸給が銀二百四枚に加増され、官衣、官帽を許される職に任命された。それによって薪、蠟燭も官給となり、日本語学校の生徒である十二、三歳の息子にも年に銀五十枚が下賜されるようになった。

その後、新蔵はイルクーツクに住みつづけ、文化七年（一八一〇）に死去した。五十二歳であった。

第四章　世界一周

使節を乗せた「ナジェジダ号」は、六月十六日、僚船「ネワ号」とともにクロンシュタット港を出帆した。

「ナジェジダ号」は、使節、津太夫ら日本人漂流民、船長クルゼンシュテルン以下乗組員総数八十五人、「ネワ号」はリシャンスキー船長以下四十八人であった。

津太夫ら四人は、複雑な思いであった。ロシア残留を希望した中心人物の善六が、意外にも「ナジェジダ号」に乗っていたのである。

このことについて、『環海異聞』は一切ふれていない。日本に帰着した津太夫たちは、キリシタン禁制によって自分たちにも災いがふりかかるのを恐れ、洗礼を受けた善六とともにロシアをはなれたことを秘したのである。

それはそれとして、ロシア残留の中心人物で、五名の仲間を残留組に引き入れた善六が同じ船に乗っていることは、津太夫たちにとって不愉快きわまりないことであった。

善六が乗っていたのは、使節レザノフの意向によるものであった。

船が長崎についた時、日本側との交渉の通訳には、オランダ語に精通した博物学者ラングスドルフをあてることにしていた。長崎には奉行所配下のオランダ語に通じた多くの日本人通詞がいて、それらの通詞とラングスドルフによって折衝することができる。それで十分事足りると思っていたが、使節は、善六の異常な才に注目していた。善六は、平仮名以外に漢字の読み書きにも長《た》け、ロシア滞在中にロシア語の知識も得ている。幕府との通商条約成立をねがう使節は、善六を得がたい通訳として同行させようと考え、かれを船に乗せたのである。

船は順風を得て、バルト海を進んだ。海にはちがいなかったが、二日間走る間、海水は真水のようで、手にすくって口に入れてみても、塩気はなかった。

クロンシュタット港から二千四百里の海路をへて、七月四日頃、デンマークのコペンハーゲン港についた。

使節と重だったロシア人は上陸し、漂流民の中で太十郎のみがかれらとともに上陸した。若い太十郎は好奇心が強く、コペンハーゲンの町を精力的に見てまわったようだった。太十郎の話によると、家の造り、寺院（教会）、道路はペテルブルグと異なることなく、男女の衣服、髪形も同じだったという。

七月二十七日頃、コペンハーゲン港を出帆した。

船は進み、イギリスの沖にさしかかった。

深夜、海上に一隻の軍船が現われ、突然、こちらにむかって連続的に大砲の空砲を放った。

軍船が近づいてきたので、使節レザノフは、航海士にどこの船であるかたずねるように命じ、航海士は船の櫓《やぐら》にのぼってメガホンで、何国の船か、なにゆえ大砲を撃ちかけたのか、とたずねた。

軍船からはイギリス船だという答があり、何用があってこの海域に来たのか、と問いかけてきた。

航海士は、日本へむかうロシアの使節船だと答え、なぜみだりに大砲を撃ちかけてきたのか、仔細をうけたまわりたい、とただした。

軍船側は驚いたらしく、夜分のため闇にまぎれて他国の軍船かと思い、このような振舞いをいたしたのはまことに恥かしい、と、船の帆をおろして詫び、ボートに酒肴《しゆこう》をのせて送りとどけてきた。

イギリスはフランスと戦争状態にあって、フランス船かと思い、威嚇《いかく》砲撃をしてきたのである。

使節とイギリスの軍船との間でなにかの話し合いがおこなわれたらしく、使節は数人の従者とイギリスの軍船に乗り移り、上陸して首都ロンドンまで行ったようであった。

「ナジェジダ号」は、そのまま進んでイングランド南西端のファルマス港に入った。大きな港で、軍船も多く碇泊し、フランスから奪い取ったというフランスの軍船もつながれていた。港の岸にはおびただしい数の大砲が据えられていた。

この港で水、薪、食物などを積み入れた。

やがて使節は港に帰着し、ただちに「ナジェジダ号」は出帆した。

南の方向に進み、カナリア諸島のテネリフェ島サンタ・クルス港に入った。

この島はイシパン（イスパニア）の領土で附近には多くの小島があった。気候は温暖で、島民は裸で短い股引（ズボン）をはいているだけであった。

島民は、葡萄や梨、橙《だいだい》、林檎《りんご》などを売りに来て、津太夫たちはそれを買って食べた。サンタ・クルス港を出て、北北東の風をうけて走った。暑熱がはげしくなり、時折り雷雨にも見舞われた。

そのうちに、世界の真中（赤道）を越えたと言って、にぎやかな祝いの会がもよおされた。はじめてロシア船が赤道を通過したというので、皇帝の健康を祈願するため十一発の祝砲を放ち、皇后の健康のために七回の一斉射撃をおこなった。「ナジェジダ号」と「ネワ号」の乗組員は、互いに「ウラー」と叫んだ。

酒樽が出され、乗組員は祝杯をあげ、津太夫たちにも酒が振舞われた。

船は、南アメリカという地にむかって走っているようで、次第に堪えがたいほどの暑さになった。そのため、毎日、水浴びをした。イルカの群れが、船と並んで泳ぎ、その一頭を船員が釣り上げて食べたりした。

十月十六日、ブラジル東岸のサンタ・カタリナという大きな港に入った。ポルトガルの所領であるという。

この地の船は、笹の葉のように細長く、江戸の隅田川を往き来する猪牙舟《ちょきぶね》よりは短い。

人々の肌は黒く、男女ともに素足で、半股引をはいているだけで裸であった。その地でも太十郎は上陸し、奥へ歩いて行って千軒ほどの家がある町を見たと言った。家は瓦と石でつくられ、屋根は桜の皮でふかれていたという。

産物はおびただしく、菜、大根、蕪《かぶ》、冬瓜《とうがん》、西瓜《すいか》、カボチャ、胡瓜《きゆうり》、唐辛子、蜜柑《みかん》、林檎等で、それらを船は買い入れた。

棘々しい人間関係

この港に七十日ほど碇泊し、十二月二十六日に港をはなれた。

長い船旅のうちに人間関係が棘々《とげとげ》しいものになり、それは日を追って表面化していた。使節のレザノフは皇帝の命令を受けて日本へおもむくという使命感から、「ナジェジダ号」「ネワ号」の総指揮者という意識をいだいていた。そのため、両船の行動について指示することが多かった。

これに対して、「ナジェジダ号」の船長クルゼンシュテルンと「ネワ号」船長リシャンスキーは、レザノフは使節ではあるものの、船上では一船客にすぎないとして、船のことに関して意見を口にすることに反撥し、両者はほとんど言葉を交すこともなくなっていた。乗組員たちも両船長の側に立ち、レザノフが些細な命令を下しても、きき入れることはしなかった。

さらに、日本人漂流民の間にも、収拾しがたい険悪な空気がひろがっていた。津太夫たちにとって、善六が日本にむかう「ナジェジダ号」に同乗することなど予想もしていないことであった。

善六は、つぎつぎと仲間六名に言葉巧みに洗礼を受けさせた憎むべき存在で、そのためかれらは帰国の道を断たれた。その善六が、「ナジェジダ号」に乗って日本へむかっている。

津太夫たちは、善六を「ナジェジダ号」に乗せたのは使節レザノフであることを知っていた。善六は日本語の素養が豊かで、ロシア語にもかなり通じている。それは津太夫たちには持ち得ないもので、かれらは苛立ちを感じていた。

船上で善六は、漂流民たちの中で格別の扱いを受けていた。

使節レザノフは、善六を絶えず身近に置いて、日本へおもむく準備として日本語の習得につとめていた。自然に善六に対する待遇は、他の漂流民とは比較にならぬほど良いものであった。

そうしたことから、善六はレザノフという後ろ盾を得て、津太夫たちを見下す態度をとり、それが津太夫たちの激しい反撥をまねいていた。

津太夫たちは、善六と言葉を交すことなく、視線もそらせていた。

二隻の船は、つらなって南にむかって進んだ。その頃、無数の鯨の群れが至近距離で泳ぐようになり、尾が船にあたるのではないか、と気づかわれるほどであった。

船は大西洋を南下し、南アメリカ大陸の最南端ホーン岬をまわって太平洋上に出た。その附近から、雨、雪をまじえた南西風が吹きつのるようになり、船は帆をおろして大時化にそなえた。

幸いその恐れはなくなったが、寒気が増して濃い霧につつまれるようになった。

そのうちに風が順風に変り、両船はつらなって進み、気温が徐々に上昇した。船は北への針路を定めた。

私は、これまで両船の動きを『環海異聞』によってたどってきたが、ロシア側の記録を飜訳した加藤九祚《きゅうぞう》氏の『初めて世界一周した日本人』（新潮選書）も参考にして筆を進めることにする。

加藤氏の著書に、「クルゼンシュテルンの日本人評」として、「ナジェジダ号」船長クルゼンシュテルンの日本の漂流民への感想が紹介されている。

かれの日本人に対する眼は辛辣《しんらつ》で、「彼らは怠惰で、身体や衣服の清潔について無関心であり、いつも暗い顔をし、ひどく意地わるであった」としている。

ただし、漂流民の指導的立場にあった津太夫については、

「彼らの中で六〇歳ほどの老人ひとりだけは例外であった。彼はその仲間とはたいへんちがっており、彼ひとりが故国送還を命じられた皇帝陛下の配慮にふさわしい人物であった」

漂流民の中で最高齢である津太夫は、年齢相応の思慮分別をそなえ、ロシア人にもおだやかに接していたのだろう。水主《かこ》たちを無事に帰国させ、家族とも再会させたいという気持が強かったはずだ。

「彼らの通訳」として、クルゼンシュテルンは善六のことにもふれている。

「彼らの通訳とて、よからぬ性格は変わらなかったが、いつも彼ら（日本漂流民たち）と争っていた。彼らは、通訳が尊敬をもって使節にたいするのを見て、報復すると誓っていた」

この述懐は、深刻である。いつも争っていたというかぎり、船長クルゼンシュテルンの眼にも、津太夫たちが露骨に善六への憤り、憎悪をいだいていたことがわかったのだろう。

「通訳が尊敬をもって使節にたいするのを見て」という表現からは、善六が使節レザノフに親しく接し、それを漂流民たちはおもねっていると見ていたことがわかる。

レザノフは、そのような善六に好感をいだいて日本語の習得につとめていた。特別扱いをうけている善六に、漂流民たちの怒りは激しく、「報復すると誓っていた」。

クルゼンシュテルンは、「日本人は決して仕事をしようとしなかった」と記しているが、漂流民たちは善六との対立で拗《す》ね切っていて、船の仕事に手も出さなかったにちがいない。

四月中旬、両船は、マルケサス諸島のある島に近づいて投錨《とうびょう》した。

マルケサス諸島の島民の船（国公）

船を眼にした男女の島民たちが、魚が泳ぐように近寄ってきた。男は総身入れ墨をしていて陰部をあらわにし、陰部の先端の皮膚をのばして糸のようなもので結び、女はすすきの葉を陰部の前に垂らしているだけだった。

人の数が増し、子供を背負って泳いでくる女もいる。船がそこに船がかりをしたのは、島から飲料水を得ようとしたからなのだが、島民たちはわいわいと騒ぐばかりで交渉はできなかった。

そのうちに二人の男が、島の舟で漕ぎつけてきて船上にあがってきた。一人はイギリス人、一人はフランス人で、十数年前にこの島に漂着し、帰国する手だてもないまま月日を送るうちに島の首長の娘とそれぞれ結婚し、永住することになったという。

二人はロシア語にも通じている様子で、船長のクルゼンシュテルンは、船のまわりにむらがる島民を追い払った上で薪、水を島から取り入れたい、と言った。

二人は、それならこのようにした方がいい、と一つの方法を提案した。女の島民たちを船にあげ、水夫らに奸淫《かんいん》させ、お礼として些細なものをあたえれば島民たちの気持はやわらぎ、どのような物も自由に入手できるだろう、と言うのである。

その言葉にしたがって数人の島民の女を船にあげ、水夫らが女たちを船室にひき入れて奸淫し、物をあたえた。これによって、二人の言った通り島民たちの気持がなごみ、薪、水を船に運び入れることができた。

南アメリカの沖にあるこの島をはなれて船は進み、再び赤道を越えた。行先はサンドウィッチ(ハワイ)諸島であった。

両船は、西へ走りつづけ、二十日ほど後にサンドウィッチ諸島を望見できる位置に達した。

船長クルゼンシュテルンは、島々をまわって豚肉などを買い求めようとしたが、どの島でも食物が余りにも高価で諦めざるを得なかった。

この地で、初めからの予定通り「ネワ号」は「ナジェジダ号」と別れた。露米会社の資材を、北アメリカのロシア植民地カディヤク島に運ぶ役目を負っていたのだ。

カムチャツカに到着

「ネワ号」と別れた「ナジェジダ号」はサンドウィッチ諸島をはなれ、北上した。行先はカムチャツカのペトロパウロフスク港であった。

海上に霧の立ちこめる日が多く、「ナジェジダ号」はゆっくりと進んだ。島を見ることは全くなく、七月二日に至って山のそびえる陸岸がかすんで見えた。海図からそれがペトロパウロフスクであることを確認、翌日四ツ半（午前十一時）頃、ペトロパウロフスクを眼前にする位置に接近した。

しかし、使節レザノフはもとより「ナジェジダ号」の船長以下乗組みの者たちは、ペトロパウロフスクに来たことはなく、港への入口がわからず、大いに途惑った。ようやくせまい港口を見出し、そこから入ると、港は湾のように広く、良港であるのを感じた。

入港した「ナジェジダ号」が挨拶の大砲を放つと、港の者たちは異国船かと思ったらしく、岸で立ち騒ぐ姿が見えたが、船にかかげられたロシア国旗を見て安堵したようだった。

岸から番船がやってきて、船を案内し、着岸させた。

その港町には人家が二十七、八戸しかなかったが、港の岸には数門の大砲が据えられ、火薬庫もあった。港には八百石、千石積み程度の船が何艘もつなぎとめられていた。

使節と船長クルゼンシュテルンとの対立は決定的になっていて、使節とその随員は上陸し、船長と乗組員たちは船内にとどまって別れ別れにすごすようになった。津太夫たちはレザノフに従って岸にあがり、粗末な小屋に入った。

使節は、カムチャツカ長官に使いを出してペトロパウロフスクにくるよう要請した。やがて、守備隊をひきつれて長官がやってきた。

長官に会った使節は、なにごとにも反撥する船長クルゼンシュテルンの航海中の行状を逐一述べ、到底許すことはできないとして、裁判を開くよう求めた。

それを知ったクルゼンシュテルンは、皇帝の命を受けて日本におもむく使節と対立することは皇帝の怒りを買う恐れがあると考え、上陸して使節に公式に謝罪し、これによって二人は和解した。

使節と船長は話し合い、銃砲係の中尉を下船させ、陸路、都のペテルブルグに送還する処置をとった。中尉は航海中、職務を怠り、無作法な行為を繰返したという理由からであった。

船長クルゼンシュテルンは、使節に対して善六の下船も強く主張した。

善六と他の漂流民津太夫、儀兵衛、左平、太十郎との対立は、眼をおおうばかりで、それが船内の空気をぎすぎすしたものにしていた。使節レザノフに寵愛《ちようあい》されている善六は、それを意識して津太夫らのみならず船員たちにも威丈高な態度をとる傾きがあった。船長は、船内の秩序を守るために善六を下船させるべきだ、と考えていたのである。

船長の意見をきいた使節は、思案した。

善六は改宗していて、かれを伴って長崎へおもむき、それが日本側に知れればキリシタン禁制をしく日本側を硬化させる恐れがある。他の漂流民たちは善六に報復すると誓っていて、日本側に善六がギリシャ正教の信徒であると告げることが十分に予想される。その場合、日本側との折衝は頓挫する。

使節は、善六を通訳として日本へ連れて行きたかったが、それが遣日使節の命をおびた自分の破滅にも通じると判断した。

かれは、船長の意見に同意し、善六に下船を命じた。このことは、『環海異聞』の記述には一切見られない。

この処置は、津太夫ら四人の漂流民を大いに喜ばせた。

「彼らは怠惰で、……いつも暗い顔をし、ひどく意地わるであった」と評されたかれらは、善六の下船を知って急に表情が明るくなり、言動もいきいきしたものになった。

それをしめす一つの挿話が、加藤氏の著書『初めて世界一周した日本人』に紹介されている。

漂流民の太十郎は、船内で衣服と現金を盗まれたが、かれは不平も言わず上陸しておだやかにすごしていた。

それを耳にした使節レザノフは太十郎のもとに使いを出し、自分が弁償するから受取りにくるように伝えた。しかし、かれはレザノフのもとに行かなかった。

二日後、レザノフが日本の漂流民たちが住んでいる建物のそばを通ると、太十郎がその家の扉のところに立っていた。

レザノフは、太十郎に近づいて、なぜ来なかったのだ、と問うた。

太十郎は、レザノフの前にひざまずいて、

「私たちはすでに、とうてい恩返しができないほど親切にしていただいています。ロシアの皇帝は私たちにとって父親のようなお方で、皇帝からの恩恵を思えば、盗まれたものなど全く問題になりません」

と、身ぶり手ぶりをまじえて言い、自分たち四人が金を出し合ってペテルブルグで買ったという皇帝の肖像を出して見せ、

「これは私たちが日本に帰ってから後も、情深い皇帝陛下のよい思い出になりましょう。そして私たちはロシアにいたことを決して忘れないでしょう」

と、頭を深くさげた。

加藤氏は、太十郎が「レザノフから、盗まれた品を弁償してもらわないことに決したのは、津太夫ら帰国組の四人で相談してのことであっただろう」と、記している。

この一挿話でもあきらかなように、四人の漂流民の凍りついた気持は、善六の下船によって一気に融解し、帰国させてくれるロシア人たちに感謝の気持を素直に表現するようになっていたのである。

第五章　長崎

千島から薩摩へ

ペトロパウロフスクでは、八月になると雪が降って下旬過ぎには港が凍結する。それ以前に港を出る必要があり、八月五日、「ナジェジダ号」は同港を出帆した。

津太夫たちは、海の前方に眼をむけながら胸をおどらせた。破船、漂流後、何度か命を落しかけ、洗礼その他でロシア領に残留した者もいる。それら幾多の障害を乗り越えて、四人が日本へむかう船に乗っている。

かれらは故郷を思い、家族の顔を思いうかべた。

行先は長崎で、三十日の航海の予定だが、気象状況がよければ十日は短縮されるだろう、とロシア士官は言っていた。

船は、千島列島ぞいに南下。水夫が帆柱の上にあがって水平線に遠眼鏡《とおめがね》をむけていたが、島影を見ることはできなかった。

そのうちに海図を見ていた士官が、西方を指さして蝦夷（北海道）の沖を通過している、と言った。津太夫たちはその方向に眼をむけたが、ゆるやかにうねる海が見えるだけであった。

船は南進をつづけ、士官は津太夫たちに仙台沖を通過している、と言った。仙台は故郷に近く、かれらは眼を輝かせて靄《もや》にかすむ水平線を見つめていた。

やがて江戸のはるか沖合を過ぎ、かすかに島影が見えた。

ロシア士官は、

「コノアタリニハ七ツノ島ガアリ、ソノ中ニ八丈トイウ島ガアル。良ク知ッテイルダロウ」

と、言った。

廻船で荷を江戸に運ぶ時は、江戸湾の湾口で遭難事故が多発しているため、相州（神奈川県）の三崎か豆州《ずしゅう》（静岡県）の下田まで行き、西南の風を得て引き返し、江戸に入ることが多かった。それは陸岸ぞいの航海で、沖にどのような島があるかは知らない。

「知らない」

と、答えると、士官は、

「織物ヲ産スル八丈島ヲ知ラヌトハ……」

と、呆《あき》れたように言った。

その言葉に津太夫は、士官が日本のことをよく知っているのを感じた。

さらに船は進み、八月二十五日頃、右方向に山が見えた。

士官は、

「薩摩ダ、知ッテイルカ」

と、言った。

もとよりその附近を航行したことはなく、知らぬ、と答えると、

「自分ノ国内ノコトヲ何モ知ラヌトハ、不可解ダ」

と、嘲笑した。

薩摩湾口沖を過ぎた頃、気象状況が急に悪化し、大時化になった。激浪が重り合って押し寄せ、船にのしかかる。

船は木の葉のように揺れ、波が船に打ち込んできて、使節の部屋にも海水が入り、腰までつかるようになった。

乗組員は必死になって排水につとめ、翌日は波も鎮まってようやく危機を脱すること

ができた。

薩摩藩の物見の者が「ナジェジダ号」を発見したらしく、岬の先端で篝火《かがりび》が焚かれるのが見えた。士官たちは、その篝火は「ナジェジダ号」が長崎へ行くと察して焚かれたものにちがいなく、長崎に急報しているはずだ、と言い合った。

使節のレザノフは、津太夫たちに、

「薩摩ノ島々ノ中ニタナゴ（種子）トイウ島ガアルガ、ドノ方向カ」

と、たずねた。

津太夫は、

「コノアタリハ航行シタコトガナイノデ、知ラヌ」

と、手ぶりをまじえて答えた。

レザノフは、

「自国ノ事モ知ラヌノカ」

と言って、笑った。

「ナジェジダ号」は、北へむかって進み、長崎に近づいてゆく。

長崎入津

長崎入津《にゅうしん》については、奉行所記録による『長崎志』を参考に書き進めることにする。それは長崎県立長崎図書館の本馬貞夫氏が提供して下さったもので、「魯西亜船《ろしあせん》到港之部・附漂流人送来之事」と附記されている。

文化元年（一八〇四）九月四日四ツ半（午前十一時）頃、天草の番所の物見の者が南方二十五里沖に「白帆《しらほ》」（異国船）一艘を望見し、天草に詰める勘定役から長崎へ早舟で急報された。

六日九ツ（正午）、長崎湾口に突き出た野母《のも》の番所で「白帆」一艘見ゆ、の狼火《のろし》があがり、それを認めた小瀬戸《こせど》遠見番所から長崎奉行に注進された。

奉行所では、用人がその年の当番通詞を呼び出し、その「白帆」についてオランダ商館長ドゥーフに心当りがあるかをたずねさせた。その年はすでにオランダ船二隻が長崎に来て帰帆し、「白帆」はオランダ以外の異国の船にちがいなかった。

オランダ政府は、毎年世界情勢を伝える情報書をオランダ船に乗せて長崎奉行所に提出し、それは通詞によって和訳され、オランダ風説書《ふうせつがき》として幕府に送られていた。

ドゥーフは、先頃、提出した風説書で報告した通り、ロシアは、日本との通商を求めるため世界一周の船を二隻本国より出港させたという情報があり、その一隻ではないか、と答えた。

そのことは奉行所に伝えられ、手付行方《なめかた》覚左衛門と矢部次郎太夫が通詞をともなって番船に乗り、港口から入ってきた異国船に近づいた。

使節レザノフは、津太夫ら四人の漂流民を船べりに並んで立たせ、番船の役人たちに「ナジェジダ号」が入港した事情を申し述べるように言った。

津太夫たちは、その地が事実長崎であるのかどうか疑っていたが、番船は日本の舟の造りで、乗っている役人も通詞も丁髷をし、衣服も着物で、ロシア人の言う通り長崎であるのを知った。

ロシアの士官たちは、役人に話しかけるようにしきりにうながしたので、津太夫たちは、まず自分たちの素姓を役人に知ってもらわねばならぬ、と思った。

津太夫は急いで船内に引返し、浦賀切手と送状を持ってきた。それは、「若宮丸」が江戸にむかって石巻を出帆した折、江戸湾に入って浦賀で船改めを受ける時の用意に船頭が所持していた切手と送状であった。それを役人に示せば、自分たちが「若宮丸」の水主《かこ》であったことを認めてくれる。

役人は、津太夫たちの風貌から日本人であることを察したらしく、番船に乗り移るよううながした。

それに従って番船に移った津太夫たちは、手付の行方、矢部の前にひれ伏し、津太夫が切手と送状を差出した。

行方と矢部はそれを見分し、津太夫たちに種々質問し、津太夫が代表して答えた。

「この異国船は、何国の船か」

という問いに、津太夫は、

「オロシアの船でございます」

と、答えた。

「なぜ、その方どもはこの異国船に乗っているのか」

これに対する津太夫の答を、役人は左のように記録した。

「日本人ノ儀ハ、奥州仙台ノ者ニテ、寛政五丑年十一月廿九日、同所出帆仕候処、難風ニ遇ヒ、翌寅五月十日、露西亜国ヱ漂着仕候」

津太夫たちが漂流民でロシア船で送還されてきたことを知った行方と矢部は話し合い、とりあえずロシア船を投錨地に誘導すべきだと考え、その旨を津太夫に告げた。

津太夫は承知して、三人の水主とともに「ナジェジダ号」にもどり、士官にそれを伝えた。

すでに多くの番船が周囲に集ってきていて、「ナジェジダ号」は、それらの船に導かれて長崎港口の伊王島《いおうじま》の近くに行き、投錨した。

「ナジェジダ号」にかかげられた旗からもロシア船に相違ないと確認した奉行所は、どのような目的で来航したかを知らねばならなかった。

長崎を警護するのは、肥前（佐賀）、筑前両藩で、港全域に厳戒態勢がしかれた。

翌日、奉行所では、前日よりも上級の役人が、オランダ商館長ドゥーフと日本のオランダ通詞とともに番船で伊王島の投錨地におもむき、「ナジェジダ号」に乗り移り、使節レザノフらと対面した。

会話は、オランダ語によっておこなわれ、レザノフの来航した事情について問答が交された。

十二年前の寛政四年（一七九二）、遣日使節ラックスマンが大黒屋光太夫、小市、磯吉をともなって蝦夷（北海道）に来航し、交易を求めた折、幕府は交渉は長崎で行うべしとして、長崎入港を許す信牌をあたえた。

レザノフは、皇帝の命をうけてその信牌を手に来航した、と伝えた。

これによって、ロシア船の来航目的があきらかになった。

その対談中、船長クルゼンシュテルンが、船を碇泊《ていはく》させている伊王島附近は風波が荒いので、条件のよい泊地に移して欲しい、と要請した。

役人は諒承し、神《かみ》ノ島《しま》附近が好ましいとして、そこに曳き舟で「ナジェジダ号」を移すようにする、と約束した。

役人は、入港した異国船は常例として鉄砲、銃弾を日本側にあずけるようにしていると述べ、レザノフは諒承した。これによって警護船四艘にそれらを載せ、塩硝蔵《えんしょうぐら》に格納した。

ついで、曳き舟三十艘が集められ、綱を「ナジェジダ号」にとりつけ、船頭の掛け声によって曳き、神ノ島の近くに移し、船は錨を投げた。

役人は、「(来航したロシア船の指揮者は)使節ノ役人レサノット(レザノフ)、船頭クルウセンステル(クルゼンシュテルン)」と記した書面を奉行に提出し、また、「本船乗組人数八拾五人、内魯西亜人八拾壱人、日本人四人、外ニ乗組ノ者無二御座一候」とも報告した。

奉行所は、ロシア船の渡来を江戸に急報した。

訊問

役人の津太夫たちに対する訊問がおこなわれた。津太夫たちは、髪形、衣服もロシア人同様であった。

役人の訊問。

「その方ども、何国の者なるか」

仙台の者でございます。

「仙台は、なんと申す所の者か」
寒沢村　　津太夫　　六十一歳
室ノ浜　　儀平（兵衛）　四十三歳
同　　　　左平　　四十二歳
寒風沢　　太十郎　　三十四歳
「何年何月何日、仙台を出帆したのか」
寛政五丑年十一月七日に出帆いたしました。
「ロシア国へは、いつ頃漂着したのか」
寛政五年十一月二十七日に難破し、翌年五月十日頃にロシア国に漂着いたしました。
「どのような荷を積んで出帆したのか」
江戸表まで御城米《ごじようまい》を積み込み、出帆しました。
「その方ども、ロシア人に懇願してこの度、船に乗せてもらったのか」
ロシア皇帝より召出され、その方ども日本へ帰りたいか、とお尋ねがありましたので、帰りたいと申上げましたところ、それならば帰国させてやろうとのお言葉があり、それによってこの度、船に乗って参った次第です。

「その方どもが江戸表にむかって出帆した船の名、石数はいかがか」

名は若宮丸、石数は八百石、二十六反帆《たんぼ》でございます。

「乗組みは何人であったか」

十六人でございました。三人はロシアで病死し、残り九人はロシア国に残りました。

「その九人は、なぜ残ったのか」

非常に大きな国でありますので、ロシアを出帆の折、九人の者が港にそろわなかったのです。もっとも九人のうち二人は極めて老齢で、手足も不自由でした。その上、病いにおかされておりましたので、余儀なく残ったのでございます。

この訊問内容も、役人によって記録されたが、ロシアに残留した者については、あらかじめ津太夫たちは申し合わせて、偽りの答をすることにしていた。

九人のうち左太夫と清蔵は乗物酔いで旅行をつづけられずイルクーツクにもどり、銀三郎は麻疹同様の病いにかかって脱落し、その生死のほどはわからない。

残りの六名は、すべて洗礼を受け、自ら帰国の道を断っている。

きびしいキリシタン禁制をしく日本では、いかなる事情があろうとキリシタン宗門に改宗することは断じて許しがたいことで、それは国の大法にそむくことであり、有無を言わさず磔刑《たつけい》に処せられる。

むろんそれを熟知していた津太夫たちは、自分たちと同じ船に乗っていた仲間が、しかも六人もギリシャ正教の教会で洗礼を受けたことが知れれば、自分たち四人にも疑いの眼がむけられる恐れがある、と考えた。さらに津太夫たちの胸の中には、それら六人の故郷に残る家族に累がおよぶことを恐れる気持も、ひそんでいたのかも知れない。

津太夫たち四人はあれこれと考えた末、ロシア船出帆時に広い国内に散っていたので全員がそろわず、しかも二人は老いさらばえて歩行も叶わずという偽りの話を作り上げ、かたく口裏を合わせていたのだ。

この件について役人は、レザノフに、

「残り九人の者どもは、何故残ったのですか」

とたずね、レザノフは、

「ロシア国に残留するのを望んだときいています」

と、答えている。

津太夫たちにとって、それは極めて大問題であったが、津太夫たちとレザノフの答でそれ以上追及されることはなかった。

長崎警備の任にあたる肥前藩では、港口の神ノ島、伊王島、香焼島《こうやぎじま》の大砲のすえられている台場に戦いの陣幕を張りめぐらせて備えをかため、旗指物《はたさしもの》を立て、「ナジェジダ号」の前後左右に幕を張り銃をそなえた数艘の舟を配置し、警戒にあたった。

翌八日、ロシア船に対する検使として二人の役人が、通詞とともに奉行所御用船「健行丸」に乗って「ナジェジダ号」におもむいた。

船上では、水兵たちが剣つき鉄砲を手に整列して迎え、鼓手が太鼓を打ち鳴らし、士官が剣をぬいて号令をかけると水兵たちは一斉に捧《ささ》げ銃《つつ》の礼をとった。

船長クルゼンシュテルンが、船長室の階段の上段まで迎えに出て、検使たちは階段をのぼり、船長室に入った。

検使たちは、船長室の絨毯《じゆうたん》が敷かれた左側の席につき、使節レザノフと船長以下士官たちと相対した。部屋の入口には津太夫ら四人が立っていた。

中央の大きなテーブルの上には、三尺四方の錠前のついた箱が置いてあり、中からロシア皇帝より幕府将軍へ上呈する国書と、和文、ロシア語、満州語で記した奉行所宛の書簡三通が取り出された。

レザノフが、立って国書と書簡の内容の趣旨を説明した。

一、この度渡来いたしたのは、我が国がかねがね日本国を慕っておりましたからであります。江戸に国書を呈し、今後、貴国と信義を共にしたいと念願しております。

一、ぜひとも交易をむすびたく、お許しいただければ、どのような商法をなすべきか、御指示いただきたい。

一、日本船が、今後ロシア領に漂着した場合は温かく漂流民を保護し、日本へ帰すように心掛けます。

一、交易によって日本が我が国からどのような品物をお望みか、御注文いただきたい。

この言葉が、オランダ語に通じた博物学者ラングスドルフと日本のオランダ通詞との通訳で、検使役人に伝えられ、レザノフから国書と書簡三通が検使役人に手渡された。

これによって第一回の会談を終え、検使役人たちはロシア船を辞した。その折、奉行所より米、野菜、豚がロシア側に贈られた。これに対してロシア側からは、皇帝よりとして時計を埋め込んだ象の模型、大鏡、ラッコの毛皮、象牙の細工物、鉄砲が奉行所側に渡された。

これらのことは、江戸へ急飛脚を立てて伝えられた。

神ノ島のかたわらに碇泊していた「ナジェジダ号」は、さらに波静かな港内の大浦《おおうら》に移された。

使節レザノフが通商を求めたことに対して、奉行所は、オランダ、中国以外に許さぬのが国法で、そのような要求をする船は、ただちに退去を命ずることになっているが、信牌を持って来航したので江戸へ通報する。ただし、江戸は遠く返事がくるまでは日数がかかるので、それまでは安らかに過して欲しい、と回答した。

九月二十二日、レザノフは体調をくずし、上陸して保養したいと申し出た。

奉行所では、異国人の上陸は許されていないが、格別の儀を以てとして、木鉢浦に保養地をもうけると回答した。

それによって木鉢に建物を建て、内部に椅子をそろえ、レザノフは朝、従者をしたが

レザノフ肖像（長崎図書館蔵）

えて上陸し、夕方には船に帰るようになった。

　また、「ナジェジダ号」は、航海中船体に損傷個所が生じていて、それを修復して欲しいという申出があり、奉行所では諒承して奉行所御用の船大工に点検と修復を命じた。

　船体の損傷個所は予想以上に多く、十一月に入ると、船内に浸水が見られるようになり、徐々に増量した。船長クルゼンシュテルンは、修復作業を敏速に進めるには、船体を軽くする必要があり、乗組員を上陸させて欲しいと要請した。船大工も同様の意見であったので、奉行所はやむを得ぬこととしてそれを許し、十七日に津太夫ら四人をふくむ三十人が梅ヶ崎に上陸した。

むなしい日々

　これらの動きの中で、津太夫ら四人の漂流民は、忘れ去られたようにむなしく日をすごしていた。

奉行所では、ロシア側が日本との交渉の材料に漂流民を利用しようとしていることを十分に察知していた。そのため奉行所では、その術策に乗るまいとして、漂流民にいささかも関心をいだいていないという態度をとっていた。

その方針にもとづいて漂流民を全く無視することにさだめ、役人、通詞らに「漂流人共ヱハ、決（シ）テ応対等」しないように、「（正式の）御下知（命令）迄ハ糺《ただし》等不レ致」と厳命していたのである。

津太夫たちの不安は、日増しにつのっていた。長崎に入港して三カ月近くもたつのに、最初に型式だけの簡単な訊問があっただけで、その後は役人も通詞も声をかけてくるどころか眼もむけてこない。近づいて話しかけようとしても、冷やかな眼をして足早に去る。

クルゼンシュテルン肖像（長崎図書館蔵）

日本へ帰れることを願いつづけ、故国へむかう長い船旅の間、漂流民たちは、日本に帰着した折のことを胸をはずませながら語り合った。風呂に入り、髭を剃り、月代《さかやき》にして丁髷を結い、着物に着かえる。久しぶりに米飯を口にし、味噌汁をすする。煙管《きせる》で煙草をすい、茶を飲み、許されれば酒も飲みたい。

かれらは、果しなくそれらのことを話し合い、眼を輝かせ、涙ぐんだ。

しかし、長崎についても、ロシア領内を転々とした頃の生活と少しも変りはない。食物はロシア人のコックが調理した麦餅と獣肉類で、今もってなじめぬ飲物を口にしている。まわりにいるのは、ロシア人だけで、津太夫たちは寄りかたまって日々をすごし、ロシア人の中で孤立していた。

かれらの不安は苛立ちとなり、疑心もめばえた。

役人や通訳たちの眼中に自分たちの存在が全くないらしいのは、なぜなのか。異国で長い間すごし、舞いもどってきた自分たちは、すでに日本人とは見られていないのではないか。キリシタン宗門に一人残らず帰依しているロシアからもどってきた自分たちは、異国の空気にそまったけがらわしい人間と見られているのかも知れない。

奉行所では自分たちを受けいれる気持はさらさらなく、レザノフの漂流民引渡しを拒否することは、すでに決定事項になっているのかも知れない。その場合には、想像を絶した寒気にさらされるロシアに追い帰される。故国の土をふみながら、海のかなたに追い払われる悲哀が胸にしみた。

津太夫たちは、虚脱した表情で互いに口をきくこともなくなり、放心したように坐って長崎の町に眼をむけたり、寝ころんだりしていた。

儀兵衛の体調がくずれた。腹痛が激しく、咽喉《のど》が痛んで起きていることもできなくなった。

それを知った使節レザノフは、十二月四日に儀兵衛の発病を役人に告げた。

その報告を受けた奉行所では、レザノフとの正式な折衝前に不祥事が起れば幕府から叱責されるので、御用医師の内科医池尻道潜を梅ヶ崎の漂流民の宿舎におもむかせた。

池尻は儀兵衛を診察し、病いはかなり重いものの「追々療治加」えれば、徐々に回復するという診断書を奉行所に提出した。今後のことについて、池尻は隔日または三日に一度診察する必要があり、もしも容体が悪化すれば、毎日梅ヶ崎に行って治療にあたる、と報告した。

これによって、番人一人をつけ、儀兵衛の様子を見守ることになった。

儀兵衛の発病は、漂流民たちの不安定な精神状態からきているものにちがいなかった。漂流民たちの異常な精神状態については、ロシア人たちも気づいていた。カムチャツカのペテロパウロフスクを出帆後、善六が下船したことで漂流民たちの表情は明るく、長崎に入港した折には涙を流して喜んでいた。しかし、日がたつにつれてかれらは口数が少く、暗い眼をして部屋にとじこもっている。それは、奉行所の態度が冷やかで、漂流民引き取りの気配すらみせないことに原因があることを、ロシア人たちも知っていた。

儀兵衛の症状は、池尻道潜の往診で十日ほどして癒えたが、十二月十七日には驚くべき出来事が起った。

その日の正午すぎ、突然、太十郎が剃刀《かみそり》をつかむと、刃先を口の中に入れ咽喉のあたりまで突き立て、かきまわした。

たまたま近くにいたロシア人が、走り寄って剃刀をもぎ取った。口の中からは血がおびただしく流れ、大騒ぎになった。

使節レザノフから通報を受けたオランダ通詞が二人駈けつけ、番所に届け出た。

レザノフの指示でロシア人外科医が治療をしようとしたが、血だらけになった太十郎は、かたくなに治療を受けようとはしない。通詞が、なぜこのようなことをしたのかとたずねても、返事をしなかった。

その様子を呆然と見つめていたレザノフは、命にかかわるかも知れないので至急日本の医師の治療を受けさせてやって欲しい、と通詞に頼んだ。承諾した通詞は、その旨を奉行所に急報した。

驚いた奉行所では、検使役人に外科医吉雄幸載、内科医池尻道潜をともなわせて梅ヶ崎宿所に急派した。

ただちに吉雄が、太十郎の口から流れ出ている血の始末をし、口中をしらべた。その容態書によると、
一、舌ニ壱寸《いっすん》二歩（三・六センチ）程、深サ壱歩（三ミリ）余（の切り傷）
一、咽突疵《のどつききず》四歩（一・二センチ）余ノ疵御座候
として、舌と咽喉の傷なので治療するのは甚だむずかしく、出来るかぎりの治療はしてみるが、飲食物が通過する所なのでどのような状態になるか見当がつきかねる、と報

告した。

ついで池尻が、診察にあたった。

かれは、太十郎の脈搏《みゃくはく》が荒く、重態であると診断し、煎じ薬をのませた。その容態書には、「追々療治ヲ加」えれば回復する容態ではあるが、今後、急に悪化することも考えられる、と記されていた。

検使役人は、太十郎がなぜそのようなことをしたのか、詮索した。

仲間うちで争いがあったのではないか、と津太夫らをきびしく訊問し、しいたげられた太十郎が絶望のあまりそのような行為におよんだのではないか、と追及した。しかし、津太夫たちは一切そのようなことはなく、互いに仲むつまじく日をすごしていたと陳述し、津太夫たちに身近に接していたロシア人たちも、それに相違ないと証言した。

疑わしきことはなく、検使役人は、太十郎の行為は一応「乱心故《ゆえ》ニ」として、奉行所に復命した。

使節レザノフは、検使役人にこの件について左のように発言し、それはオランダ通詞の通訳によって記録された。

「右漂流人共」については、検使役人との最初の会談の席で、私（レザノフ）より皇帝からかれらを日本側に引渡すようにという命令を受けていると申し上げたにもかかわらず、日本側には受取る気配は一切なく、今日に至っている。その間、漂流民の中には病人も出て、その上、今日の変事が起ったのは、ひとえに日本側の冷たい態度にかれらが精神的に打撃をうけているからである。これは、貴国にとってもわが皇帝にとってもまことに遺憾とすべきことで、再び同じような変事が起る恐れがあり、私は昼夜とも心配でならない。

このような変事が起ったからには、なにとぞ一刻も早く漂流民をお受取りいただきたい。

この発言は、検使役人から書面によって奉行に提出された。

これに対して奉行所では、一応、言われることは理解できるが、すべては江戸の幕府の御意向を仰がねば即答できぬ、と回答した。

レザノフは、この回答に納得せず、さらにオランダ語で記した長文の書面を奉行所に送った。

要旨は、左のようなものであった。

四人の漂流民は、帰国できることを悲願とし、この度、長い航海をへて日本国につき、私は、早速にもかれらを日本側にお渡ししようとした。しかし、江戸よりの御下知なきかぎり受取りはできぬと申され、やむなく私どもの手もとに置いて日をすごしてきた。

この度の太十郎の自殺未遂事件の原因を考えてみると、年来の悲願がかなって帰国し、早速、生れ故郷にもどって親族と喜び合おうと心づもりにしていたのに、日本側に引渡されることもなくすぎた。そうしたことから、太十郎は悩みに悩み、狂気としか思えぬ行為におよんだと考えられる。

太十郎以外の三人も思いは同じにちがいなく、またもこの度のような事件をひき起し、命を失うことも考えられる。

こうしたことから、そうそうにかれらをお引取りいただきたく、そのようにしていただければ、かれらはことのほか喜び、安堵することはまちがいない。かれらは、日本の「御国之仁徳ヲ慕ヒ帰朝仕候」者たちであるので、なにとぞ憐れと思召《おぼしめ》され、一刻も早くお引取りいただきたい。

この書状に対して、奉行所では、江戸よりの指令がないかぎりいかんともしがたいとして、回答することはなかった。

それから五日後、太十郎の事件に衝撃を受けたのか、津太夫、左平が高熱を発して病床に臥し、池尻道潜が往診して煎じ薬をあたえた。

太十郎は吉雄と池尻の治療によって傷口もふさがったが、飲食物を咽喉に通すのが困難で、体は痩せに痩せた。儀兵衛の病いは癒えていたが、四人の顔色は青く、沈鬱な眼をしていた。

番人やロシア人たちは、かれらの身を案じ、昼夜の別なく監視の眼をむけていた。

年が暮れ、文化二年（一八〇五）の正月を迎えた。長崎の町からは音曲をまじえたにぎわいが伝わってきていた。

幕府の意向

正月十九日、江戸よりの飛脚が到来、正月六日に目付《めつけ》遠山金四郎が江戸を出発、長崎にむかったことが伝えられた。遠山は、ロシア船の長崎渡来について幕府の意向をすべて身につけて、使節レザノフに正式に回答するという。

さらに老中より長崎奉行に対して、通商は断乎拒否することを内示する書状も到来し、そこには漂流民四人の扱いも記されていた。ロシア側が日本側の回答を諒承した場合は、四人を引取ることを容認する。しかし、四人を渡すことを条件にレザノフがなにか要求した場合は、受け取るには及ばず、ロシアに連れ帰るも「勝手次第」と告げるように。また、レザノフが四人をロシアに連れ帰った後、皇帝があくまでかれらを日本側に引渡すよう命じても、船の長崎への入港は断じて許さぬ。もしも、どうしても日本に帰させたいというのなら、オランダに頼んで帰させるように強く申しきかせよ、ときびしい文章で記されていた。

長崎奉行は肥田豊後守《ぶんごのかみ》と成瀬因幡守《いなばのかみ》の二人で、その送られてきた書状によって幕府の意向をはっきりと知った。

奉行所では、遠山を迎え入れる準備に手をつけ、遠山がくることをレザノフにも伝えた。

遠山とレザノフの会談は、奉行所でおこなわれることに決定し、町は厳戒態勢に入り、海上にも多くの警備船が配置された。レザノフは役所まで駕籠《かご》に乗るが、その駕籠はオランダ商館長が江戸への旅に使用する大型のものであった。

遠山一行の行列が長崎に入ってきたのは、二月二十五日であった。

ただちに遠山は、両奉行と詳細な打合せをし、三月六日、レザノフを奉行所に呼出し、第一回の会談をおこなうことになった。

その日、奉行所役人が舟で梅ヶ崎に上陸、レザノフは、ロシア国旗をかかげた従者をしたがえて、迎えの肥前藩の「浅行丸」に乗り、波止場に上陸した。

レザノフのみ駕籠に乗って、ロシア人たちは奉行所に到着、会見場に入った。そこで遠山と両奉行がレザノフと対坐し、その日は顔合わせということで簡単な挨拶が交された。

退座後、控室にはカステラが茶とともに用意されていて、通詞がすすめたが、レザノフらは食べることはせず、奉行所を辞した。毒殺を恐れてのことかも知れなかった。

翌七日、再びレザノフが駕籠に乗り、随行の者をしたがえて奉行所につき、会見場に入った。遠山が両奉行とともにレザノフと向き合って坐った。

会見場の中央の台上には、「申渡」と記された書付がのせられていて、支配勘定役がそれを押しいただいて肥田豊後守の前に置き、肥田はその書付を開いて読みはじめ、通詞が通訳した。

要旨は、日本の国情からして「我国　海外ノ諸国ト通問（商）セザルコト既ニ久シ」として、レザノフの通商要求は到底受けいれられぬという内容であった。

レザノフの顔はこわばっていたが、承知した旨を答えた。

遠山は、ロシア船入港以来、半年もたったが、江戸で重ねて評議したため日時がかかったのであると弁明し、その件もレザノフは諒承した。

ロシア側からは、日本側に皇帝よりの公式の贈物を受けて欲しいという申入れがあったが、それは通商に準ずるものとして遠山が拒否した。

会議が終り、肥田奉行が、船員たちへとして真綿二千把《ぱ》、成瀬奉行が米百俵、塩二千俵を贈る、と告げた。レザノフは、皇帝よりの贈物を受取らぬのだから、それをいただくわけにはゆかぬ、として問答が繰返されたが、結局、レザノフは折れて両奉行よりの贈物を受領することになった。

翌日と翌々日には、双方打合わせがあり、漂流民四人を日本側に引渡すことも決定した。

引渡し

三月十日朝五ツ（午前八時）、受取りの検使役人が下役をしたがえて梅ヶ崎におもむいた。

レザノフは、すぐに津太夫ら四人を呼び出し、日本側への引渡しがおこなわれた。

津太夫らのたずさえていた品々は、検使役人が封印し、漂流民受取りの証書をレザノフに渡した。

通商要求の折衝が不成功に終ったレザノフは、終始不機嫌であった。

津太夫らは、レザノフらロシア人に温かく接してくれた礼を述べ、別れの挨拶をした。

ロシア人たちは別れを惜しみ、レザノフは、津太夫たちに近寄ると、

「折衝がうまくいったなら、私も船で日本との間を往来して貴方たちとも会うことができる。しかし、折衝は不成功に終り、このまま別れれば、二度と会うことはない」

といった趣旨のことを口にし、足ではげしく土を踏みつけ、

「必ズ地下ニテ（死後）、逢オウ」

と言って、涙を流した。

ついでレザノフは、津太夫たちを一人一人抱きしめて頰に唇を押しつけた。

津太夫たちは涙ぐみ、役人にうながされて船に乗り、梅ヶ崎をはなれた。ロシア人たちは手をふり、津太夫たちは頭を何度もさげていた。

長崎の町に上陸した四人は、太十郎のみは口中の傷が治らず歩行も困難であったので駕籠に乗り、他の者は徒歩で奉行所へむかった。

すでに町の中には、ロシアに漂着した津太夫たちがロシア船で長崎についたことが広く知れ渡っていて、髪を後ろにたばねロシアの衣服と沓を身につけた津太夫らに好奇の眼をむけてむらがっていた。

津太夫らは眼を伏せ加減にして道を行き、奉行所に入った。

奉行所では、漂流民を受け入れる時、取調べの前に一汁一菜の食事をあたえることが慣習になっていたので、津太夫たちにもそれが供された。

長い間口にしたことのない米飯と吸物、そして漬物にかれらは眼を輝かせ、涙をうかべる者もいた。かれらは、貴重なものを飲むように茶を飲んだ。常に暗い眼をしている太十郎の表情も、わずかにゆるんでいた。

それより白洲で吟味を受けることになったが、太十郎の口中の舌をはじめ所々に刻まれた傷口は深く、言葉を発することができない。そのため太十郎は、白洲に出ても吟味に答えることは免じられた。

小役人にうながされて白洲におもむいたかれらは、膝をつきひれ伏した。どのような申渡しをされるか、かれらは体をかたくしていた。

吟味役が出座し、名前、生国、宗派を問いただし、津太夫らは、それぞれ答えた。

奥州宮城郡寒風沢浜　禅宗　津太夫
六十一歳
同所　禅宗　儀兵衛
四十四歳
同所　禅宗　左平

太十郎については津太夫が代りに答え、それは、

四十三歳

同所　禅宗　太十郎

三十五歳

と、記録された。

異国からもどった者がキリシタン宗門を信仰しているかどうかは大問題で、信仰していた者は極刑に処せられる。それを糺明する方法として、古くから踏絵が利用されていた。キリスト像をえがいたものをためらいもなく踏みつけた者は信者でないと判定され、少しでもためらう者は信者とされる。

初めの頃は紙にキリスト像がえがかれ、それを踏絵と名づけていたが、破れてしまうので木の板にキリストの像を彫ったものに代えられた。しかし、それも何度か踏まれているうちに割れ、寛文九年（一六六九）、鋳物師《いものし》に銅製のものを二十枚鋳造させて、それが使用されていた。

踏絵が白洲に運ばれて、かれらの前に置かれた。

小役人が声をはりあげ、

「キリシタン像である。踏むもよし、踏まざるもよし」

と、津太夫たちをうながした。

初めて見る踏絵をいぶかしみながらも、かれらはつぎつぎに踏絵をふみ、それを役人たちは注視していた。

それを見守っていた吟味役が、疑いはないと判断し、

「一同、揚屋《あがりや》入りを申付ける」

と、言った。

津太夫らがたずさえた品々が一つずつ調べられた末に封印され、それによってその日の吟味は終った。

四人は、奉行所を出ると牢屋敷に連行され、揚屋に収容された。

折衝が不調に終った使節レザノフは帰国することになり、長崎出帆は三月十九日に決定した。

その日、「ナジェジダ号」から預っていた鉄砲、弾薬類が塩硝蔵から出され、舟で

「ナジェジダ号」に運ばれ、積み込まれた。

使節レザノフをはじめロシア人すべてが梅ヶ崎をはなれ、「ナジェジダ号」に乗船した。

海上には、多くの番船が浮び、「ナジェジダ号」を見守っていた。「ナジェジダ号」の船上では、乗組員たちが出帆準備にあわただしく動いていた。

検使役人が通詞とともに乗船し、レザノフに別れの挨拶をした。レザノフは逗留中の配慮を謝し、目付遠山金四郎と両奉行によろしく伝えて欲しい、と言った。

検使役人は、通詞とともに下船した。

八ツ（午後二時）すぎ、「ナジェジダ号」の錨があげられ、帆に風を受けて動き出した。監視の番船の群れがその後を追い、「ナジェジダ号」は、港口で風向を探るらしく碇泊した。

翌二十日六ツ（午前六時）頃、小瀬戸番所の遠見の者は、「ナジェジダ号」が錨をあげて動き出すのを確認した。船は南西方向に進み、次第に遠ざかっていった。

第六章　帰郷

吟味終了

「ナジェジダ号」入港でざわついていた長崎の町も、ロシア船退帆の話がつたわり、ようやく落着きをとりもどした。各要地に張りめぐらされていた陣幕も撤去され、長崎警備の藩兵も警戒を解いた。

港内外に配置された数多くの警備の舟も岸にもどり、漁に出る漁船の姿が見えるだけになった。

「ナジェジダ号」の帆影が水平線下に没してから五日後の朝、役目を終えた目付遠山金四郎は、行列を組んで江戸へもどるため長崎の町をはなれていった。その日は、例年、合戦場での紙鳶《はた》(凧《たこ》)揚げ会がもよおされる日で、町の空には彩られた紙鳶が舞っていた。

奉行所にはりつめていた緊張感もうすらぎ、残されたのは漂流民四人の措置だけになった。

口内に傷を負っている太十郎の治療には吉雄、池尻両医師が交替であたっていたが、他の三人は血色もよく、揚屋内で出される食事を喜んで口にしていた。

牢屋敷では、髪結い職人を入れて各人の頭を月代にして丁髷を結い、新しい下着、着物をあたえて着用させた。二日に一度湯を盥《たらい》に入れてあたえ、津太夫たちは体を拭い清めていた。

漂流民を受け入れた奉行所では、かれらから口書《くちがき》（口上書《がき》）をとることが義務づけられていた。かれらはまだ準罪人であり、その口述したものを幕府に送らなければならない。

津太夫たちは、揚屋から出され、奉行所で吟味役の取調べを受け、それは筆記役の手で記録された。太十郎は口述が不可能なので、揚屋にそのまま残された。

吟味は三人並べられておこなわれ、他の者が言葉を添えたり補ったりする。

石巻の湊を出船後、大時化に遭遇して破船、漂流し、アリューシャン列島の孤島に漂着した次第。その後、ロシア領内を転々とし、その間に死亡する者もあって、津太夫ら四人が、ロシア皇帝の配慮で使節船「ナジェジダ号」に乗せられて長崎に帰着した経過が聴取された。

吟味は連日おこなわれ、ロシア領内で見聞した政治、軍事、経済、文物、生活、言語などあらゆる分野のことを津太夫らは詳細に陳述し、それは克明に記録された。

役人は、キリシタン宗門との関係について、

「キリシタン宗門に帰依するようすすめられたことはあったか」

と、鋭く問いただし、これに対して津太夫たちは、

「そのようなことは毛頭ございませんでした。私どもが少しでもかくしだてしました場合には、いかようのお咎めもお受けいたします」

と、口をそろえて否定した。

吟味は三月二十九日に終了し、右の通り相違ありません、と記された口書に、津太夫、儀兵衛、左平が連名で署名し、爪印《つめいん》を押した。さらに吟味の場に姿を見せぬ太十郎については、

「右太十（郎）儀、去る十二月以来乱心躰《てい》ノ病気ニテ申口《もうしぐち》相分リ不レ申候間、私共代（リ）ヲ兼（ネ）御吟味ヲ受ケ候処《ところ》相違無二御座一候」

と記した書類に、三名が署名爪印した。

奉行所では、津太夫らが石巻を出船後、肌身はなさず所持していた物品二十三点、ロシア領内でもらい受けたり買い入れたりした品々四十七点を記録、押収した。

この吟味終了で、疑わしきことは一切ないと判定され、津太夫らを罪人扱いすることはなくなった。

牢屋敷の役人たちは、監視の眼をゆるめ、津太夫たちを牢獄の外に出して日を浴びさせたり、井戸の水で体を洗わせたりすることもした。

津太夫たちが、死亡した仲間の霊を慰めたいという申出をし、牢役人は、奉行所の許可を得て役人付添いのもとに、かれらを神社や寺におもむかせて祈願させることもした。

漂流民は、生地の藩に引渡し、それ以後の措置を藩にまかせる定めになっていた。そのため奉行所では、幕府を通じて津太夫らの生地を藩領とする仙台藩に、漂流民引取り方の連絡をした。

それは、津太夫らにも伝えられ、かれらは帰郷できることを喜び合い、仙台藩士のくるのを待った。

夏がやってきて、かれらは炎熱に喘《あえ》いだ。ロシアの凍死しかねないきびしい寒気にさらされつづけていたかれらの体には、長崎の暑さは堪えがたく、汗を流し、夜は寝苦しく寝つくこともできなかった。

やがて暑熱が去り、秋風が立つようになった頃、仙台藩士平井林太夫が、徒目付《かちめつけ》窪田栄助とともに長崎にやってきて、奉行所に入った。

二人は、奉行所役人から津太夫ら四人がロシア船で送還されてきた事情説明を受け、太十郎の傷の状態については吉雄、池尻両医師から治療経過の説明もあった。

津太夫たちは、奉行所に呼び出され、平井と窪田の前にひれ伏した。

「難儀したな」

平井の言葉に、津太夫たちは涙を流した。

引取りの事務手続が終り、江戸へ出立することになった。津太夫らが持ち帰った品々は、馬の背につけられて送られる。

その日、津太夫たちは牢屋敷を出て奉行所におもむいた。駕籠がそれぞれ用意され、馬の背には津太夫たちの携帯品とロシアで手にした品々を梱包したものがくくりつけられていた。

津太夫たちは、奉行所の役人たちに深く頭をさげ、門の外につらなる駕籠に身を入れた。駕籠の列と馬の列が、門のかたわらをはなれ、長崎街道にむかった。

どのような経路をたどって江戸へむかったのか、その記録は見当らない。常識的に考えて長崎街道を進んで小倉から船に乗り、山陽道にあがって江戸へむかったのだろう。

環海異聞

一行は十二月に江戸に入り、二十日に太十郎をのぞく津太夫ら三人は、大崎村（品川区大崎）の仙台藩上屋敷の庭にひれ伏して、御簾《みす》越しに藩主伊達《だて》周宗《ちかむね》に引見された。藩主の意をくんだ藩士の問いに、津太夫が代表してロシア領漂着のいきさつ、ロシア皇帝の配慮で帰国した次第を申し上げた。津太夫たちは、恐れ入って顔を上げることもしなかった。

かれらは下屋敷の長屋に移され、その月の二十五日から連日のように、藩医大槻玄沢の問いにこたえて陳述し、記録をとられるようになった。

玄沢は、陸中国西磐井郡中里村（岩手県一関市中里）の生れで、二十二歳の折に江戸に出て蘭学者杉田玄白、前野良沢にまなび、長崎に遊学して江戸に帰った後、仙台藩の江戸詰め医師となった。

蘭学に対する深い造詣から江戸の蘭学者の指導的立場に立つようになり、芝蘭堂《しらんどう》という家塾をもうけて多くの門人に蘭学を教え、ロシア事情にも通じていた。

玄沢は、太十郎を除く三人から破船、漂流のいきさつと漂着までを聴取し、さらにロシア領内での見聞について熱心に口述記録をとった。すでに桂川甫周によって大黒屋光太夫の見聞記『北槎聞略』が編まれていたので、津太夫らの記憶と光太夫の陳述との相違点については、光太夫から意見を聴取している。

玄沢の聴取は文化三年（一八〇六）二月中旬にまで及び、翌四年、『環海異聞』としてまとめられた。若く好奇心の強い太十郎は、積極的に足をのばして多くのことを見聞しているので、かれからも聴取することができたなら、一層充実したものになったはずである。

玄沢の聴取が終了後、二月下旬、津太夫と左平は生地の陸奥国宮城郡寒風沢浜（宮城県塩竈《しおがま》市浦戸寒風沢）へ、儀兵衛と太十郎はそろって故郷の陸奥国桃生《ものう》郡深谷室浜（宮城県桃生郡鳴瀬町宮戸室浜）へ帰った。石巻を「若宮丸」で出帆して以来、十三年ぶりの帰郷であった。

自殺未遂をはかった太十郎は、心身ともに衰えていて、村にもどってから一カ月後の四月一日に死去した。三十六歳であった。

また、長崎で病いの床に臥した儀兵衛も、体調が回復せず、その年の九月三日に病歿している。四十五歳。

津太夫の帰郷後の消息をつたえる記録は見当らないが、儀兵衛の死後八年経過した文化十一年（一八一四）の七月二十九日に七十歳という高齢で死去している。左平はそれから十五年後の文政十二年（一八二九）四月十二日にこの世を去っている。六十七歳であった。

供養碑

石巻市には、「石巻若宮丸漂流民の会」という研究会があり、平成十四年（二〇〇二）の六月中旬に私は会長の石垣宏氏と電話で連絡をとり、市にむかった。

仙台駅から仙石線で一時間余、石巻駅で下車した私は、約束のホテルのロビーで氏と会った。氏は石巻専修大学の講師をされるかたわら、若宮丸漂流民についての地元調査をつづけている方で、また、遣日使節レザノフの日本についての日記を『日本滞在日記』（岩波文庫）として飜訳発表している石巻市出身の大島幹雄氏が事務局長を務めているとのことであった。

石垣氏は、十三年前に発見された供養碑のことを口にした。市内にある禅昌寺という寺で庭を直していた折に、石橋の土台となっていた石が若宮丸漂流民の供養碑であることが判明し、補修して境内に建てられているという。見てみたいという私の願いをいれて、氏は、車で案内してくれた。

車は進み、静かな住宅地に入り、風雅な寺門の前でとまった。門を入ると右手に寺の建物があり、私は氏の後について境内の道を進んだ。

「これです」

氏が、足をとめた。

小さい供養碑かと思っていたが、高さ二メートル以上もある碑であった。

南無観世音菩薩と正面に大きい文字がきざまれ、その下の文字には欠落部分もあるが、「為若宮丸水主」と読むことができる。

裏面の碑の文字も剥落個所があるが、船頭以下十六人の乗った若宮丸が出帆後、七年経過したのに「未㆑知㆓生死㆒（いまだ生死を知らず）」、このため船主の米沢屋平之丞がこの碑を建てて供養するものである、と記されている。

漂流の小説を書いてきた私は、漂流の憂き目にあった船の出船した地におもむいて、このような供養碑を何度か見ている。

若宮丸遭難供養碑
（石垣宏氏撮影）

出港していった船の消息は絶え、船頭、水主たちの生死もわからない。船主、家族らは生きていることをひたすら願って日をすごすが、歳月がすぎ、やがて諦めねばならぬ時がきたことを知る。

死はまちがいないとして葬儀をいとなみ、墓も建てる。船主によって合同葬がおこなわれ、船頭、水主の戒名を刻んだ墓碑が建てられている地もある。

眼の前に立つ供養碑も、それに類するものであった。

石垣氏から、これまでの現地調査の話をきいた。

帰郷してすぐに死亡した太十郎（多十郎ともいう）の墓は現存し、菩提寺の室浜の観音寺にある過去帳には、本田寿良信士という戒名が記されている。

同じ寺を菩提寺とする儀兵衛の墓は見あたらないが、過去帳には長流来見信士という戒名が残されている。長期間漂流しロシアで多くのものを見たことが、その戒名にこめられている。

津太夫と左平については墓も戒名も不明ではあるが、異国からの帰還者として注目されながら生涯を終えた二人の墓はどこかにあるのだろう。石垣氏たちの調査は、その点についてもつづけられている。

「日和山《ひより》に行ってみますか」

石垣氏が、言った。

日和山とは、船の出帆前に船頭が気象状況をさぐるために登る小高い山のことである。

「連れて行って下さい」

私は答え、車の助手席に身を入れた。

車は、山門の前をはなれて上り傾斜のくねった道を進み、やがて登りきった所でとまった。

そこは観光客が訪れる地であるらしく広い駐車場があるが、人の姿はない。

私は氏の後から駐車場を出ると、展望台といった趣きのある所に行き、足をとめた。

前面にひろがる海は、左右両方向も遠くまで見渡せる。いかにも日和山らしい素晴しい景観であった。

氏は、さらに進み、展望台のはずれで足をとめると下方に視線をむけた。

ゆったりした川の流れが、海にそそいでいる。北上川で、河口から少し上流にむかった所に数隻の船が碇泊しているのが見えた。

江戸時代の港は、河口近くにあるのが常で、私はその典型のような港を眼にできたことに、思わず、

「いい港ですね」

と、氏に声をかけた。

海がどれほど荒れていても、その港は波の影響を受けることなく碇泊している船をおだやかに憩わせてくれる。私はその港に江戸時代の帆をおろした多くの和船が、錨《いかり》をおろしているような錯覚にとらわれた。

その船から船頭が、この日和山に登ってきて海を見つめ、空を見上げていたのだろう。私の眼には、港が優雅なものにさえ見え、江戸時代、石巻が仙台藩領随一の港で、多くの藩蔵がつらなっていたというのも当然に思えた。仙台以北の諸藩領から江戸へむかう廻船の航路は東廻りと称されていたが、それらの廻船は例外なく石巻港に入り、日和見、風待ちをして、確立していた石巻―江戸航路にしたがって江戸へむかった。つまり石巻は、東廻り海運の拠点港であり、西廻り海運の酒田（山形県酒田市）とともに東日本の海運の中心となっていた重要な港であったのである。

石巻から送り出された米が、江戸で消費される米の半ば近くを占めていたが、「若宮丸」が、仙台藩の藩米を積んで江戸へむかったことが、港を見下して実感できた。『環海異聞』によると、帰還した津太夫ら四人の水主たちが、ロシアから物品を持ち帰ったとされている。

私は石垣氏に、それらは現存しているかどうかをたずねた。

氏は、そのことについて調べた結果、太十郎の子孫の家にロシアから持ち帰った衣服が実在することを知り、見せてもらったことがあるという。

私は氏とともに車にもどり、駅に近い商店街でおろしてもらうと、氏と別れの挨拶をして駅まで歩いていった。

太十郎の服

帰京した私は、日がたつにつれて落着かなくなった。「若宮丸」のことについて、出港した石巻の港を見、日和山に立ったことでそのすべてを書き終えた、と思っていた。しかし、私には、まだ書き残しているものがあるのを感じていた。

それは太十郎が持ち帰ったという衣服である。それを眼にせずに筆をおくことは、後に悔いること大だと思った。

太十郎の子孫は、石巻市より仙台市寄りの、桃生郡鳴瀬町に住む奥田久吉氏であることを石垣氏からきいていた。また、その町には、「若宮丸」の漂流記念碑の建立にたず

私は、タクシーで下河原の愛宕《あたご》神社に赴き、神社の管理者である佐々木秀一氏に会った。私がなぜ神社に来たかということに興味をいだいたらしい氏の知人も数人集っていて、私は氏の案内で社殿の内壁にかかげられたその船絵馬を見せていただいた（十三頁参照）。

一部が剝落してはいたが、細密にえがかれた見事な廻船の絵で、色彩も美しい。奉納が寛政元年と書かれていて、残念ながら奉納者の名はなく、「若宮丸」の船絵馬であるかどうかは不明である。

なぜ、海から十五里（六〇キロ）もはなれた内陸部に廻船の船絵馬があるのか。それは傍らを流れる北上川と関係がある。

北上川では喫水の浅い艜船《ひらたぶね》という川舟が、その地域一帯に産する米を積んで河口の石巻まで運んだ。それらの米は、石巻から廻船で江戸へ送られた。

愛宕神社のある下河原には集積した米を収める藩の蔵がいくつもつらなり、河岸から艜船で蔵から出された米が石巻へ運ばれた。つまり、下河原は海と直結した地で、そのため海を航行する廻船の船絵馬が神社に奉納されていたのである。

無学と教養

この旅で、『環海異聞』にもとづいてたどった若宮丸漂流についての私の執筆の旅は終った。あらためてこの漂流記が、漂流記の中でも際立った存在であるのを知った。

津太夫、儀兵衛、左平の口述を『環海異聞』としてまとめた蘭学者大槻玄沢は、執筆を終えた後の感想で、津太夫たち三人が無学であり教養に欠けている、と評している。まことに愚かしい感想で、無視したい気持が強いが、若宮丸漂流民の調査に熱心に取組んでいる石垣氏にお会いして、私なりの考えを書きとめておきたいという気持になった。

漂流記を多く読んできた私は、船頭以外の水主が、おしなべて平仮名の読み書きができる程度で、漢字の素養がないのが常であるのを知っている。

玄沢は、津太夫らに会う十三年前にロシアから帰還した大黒屋光太夫と、江戸で知己になった。蘭学者を集めてもよおした〝オランダ正月〟の会で、礼をつくして光太夫を招き、上席に坐らせる配慮までしているほどである。

光太夫は、廻船の船宿兼回漕業を営む名家の商家に生れ、廻船の沖船頭を世襲する家の養子となり、沖船頭職をつとめた。そのような経歴から漢字の素養は豊かで、船に乗っても浄瑠璃本や国語辞書である節用集を常時手もとに置いて愛読していたほどである。ロシア領に漂着後、光太夫は会話はもとよりロシア文字を系統的におぼえ、それをつづるまでになった。見聞したことを克明に記録し、おびただしい単語も記憶して帰国した。いわば教養人で、そのような光太夫を識った玄沢は、その後、口述記録をとるため津太夫らと身近に接したのである。

玄沢が津太夫ら三人を無学で教養がないとしたのは、光太夫と比較してのことで、それは基本的におかしい。

廻船の船頭は、船主その他から託された荷を送りとどける職務を持っているだけに、必然的に漢字の読み書きと数量計算もできるのが常であった。しかし、水主は船頭の指示にしたがって船をあやつるのが仕事で、漢字など知らなくてもいっこうにさしつかえはない。ロシア領ですごす間、生活する上で日常会話を習いおぼえはしたものの、文字を知ってつづる必要もない。

そうした水主である津太夫たちを無学として批判するのは、当を得ていない。

むしろ『環海異聞』の内容をみるかぎり、津太夫らは、あらゆる分野の事柄をよく見聞し、その記憶を玄沢につたえている。それは土地の特徴、家屋、飲食、服飾、教会、産育、婚礼、葬礼、祭礼、官庁、政治、軍事、刑獄、銭貨、尺度、楽器、医療等多岐にわたっている。言語についても、『環海異聞』に七百語近いロシアの単語と簡単な会話が記されてもいる。

これらの内容はまことに見事で、津太夫ら三人の生来の頭脳のよさをしめしている。物事を見る眼のたしかさに感心する。

無学呼ばわりをする玄沢は、水主というものに対しての基本的理解が欠如し、そのような感想をいだいたのだと解したい。

漂流の研究

石巻市に若宮丸漂流民の研究会があるように、漂流民の生地にはそれと同じような民間人の研究組織がある。漂流先の外国の文献をしらべたり、外国に行って漂流民の足蹟を調査している会もある。

このような研究会が各地に存在し、熱心な実地踏査がつづけられている。それは表立ったものではない地道なものだが、深く根を張っている。

さらに特筆すべきことは、調査能力に秀でた多くの学者が漂流についての研究につとめていることである。

古くは石井研堂氏が『異国漂流奇譚集』を著わし、荒川秀俊氏は、気象史料として漂流記の紹介につとめている。

川合彦充氏の『日本人漂流記』(社会思想社・現代教養文庫)に記された近世日本漂流編年略史には、近世における日本船の漂流事件が詳細に書きとめられていて、氏の史実調査の徹底した姿勢がうかがえ、驚嘆のほかはない。

また、池田皓《あきら》氏は、『日本庶民生活史料集成』(三一書房)の第五巻「漂流」の責任編集をして漂流事故の解説をし、その他漂流関係の文献解説の論文が多い。

ロシア領への漂流研究については、木崎良平氏の存在がきわめて大きい。『光太夫とラクスマン』(刀水書房)、『漂流民とロシア』(中央公論社)という著書などを読むと、ロシア側の文献を広く、そして鋭く渉猟しているのがうかがえ、その研究の深さと努力に敬服する。

このほかにも多くの学者が精力的に考究し、漂流の分野の研究は十分に結実している。漂流記は、その時代時代のえらびぬかれた学者が漂流民の口述を記録したもので、秀れた文章によって成っている。漂流記は、石井研堂氏の著書名のような奇譚ではなく、その時代の代表的な文章家でもある学者によって書きつづられたドラマなのである。

江戸期には、多くの文筆家によって物語がうまれ、それが現在にも残されているが、漂流記は、史実をもとにした秀れた記録文学の遺産と考えるべきである。

生と死の切実な問題を常にはらみ、広大な海洋を舞台にし、さらに異国の人との接触と驚きにみちた見聞。

その規模はきわめて壮大で、これらは第一級の海洋文学の内容と質を十分にそなえている。

学者たちの真摯《しんし》な研究によって、漂流記の土壌は豊かなものになっている。漂流記は、日本独自の海洋文学なのである。

あとがき

二十代の頃、この日本という島国に漂流記という充実した記録が遺されているのを知り、それにとりつかれた。

千石船と俗に言われている江戸時代の日本の荷船が、暴風雨に遭遇して漂流する。激浪にもてあそばれ、乗組みの者は飢えと渇きにさらされて大半が死亡するが、中には辛うじて異国の地にたどりつく者もいた。かれらは、病いにおかされたりその地の者に殺害されたりして息絶えるなど、さまざまな苛烈なドラマがあって、百に一つのような幸運で日本へ帰りつく例もある。

小説を書くようになってから私の関心はさらにつのり、帰還できた船乗りたちが奉行所で陳述した吟味書をつぎからつぎとあさり、興味深いものをえらんで、これまで漂流についての小説を六篇も書いた。

新潮新書の編集部から執筆の依頼を受けた私は、これまでの一応の総決算として漂流そのものについて書いてみようか、と思った。そのような気持になったのは、文芸誌「群像」二〇〇二年一月号に寄せた短文の、漂流記は日本独自の海洋文学という趣旨の内容を、さらにのびのびと書いてみたかったからである。

さらに私は、数多くの漂流記の中から、一例として「若宮丸」の漂流を取り上げることを心にきめた。この漂流は、一般には知られること少いが、乗組みの者同士の確執、規模の大きさで特異な内容をふくんでいて、ぜひ紹介したいと思ったのである。

執筆の筆をおくにあたって、加藤九祚、本馬貞夫、石垣宏、大島幹夫、奥田久吉、阿部昭吾、石崎慶一、相原康二、佐々木秀一の各氏の御好意にみちた御協力をいただいたことに感謝し、終始、筆を進める私を見守ってくれた編集部の校條《めんじょう》剛氏に御礼を申し上げる。

主な日本船漂流年表（江戸時代）

西暦・年号（遭難時）	漂流とその後の内容	出来事（日本・世界）
一六九五（元禄八年）	大坂の淡路屋又兵衛船（十五人乗り）が江戸へ航行中に漂流、翌年にカムチャツカ半島南部に漂着。伝兵衛（デンベ）のみが生存し、日本語教師となる。	幕府、江戸中野に犬小屋を設置し、野犬を収容 ロシア、海軍を創設
一七一〇（宝永七年）	十人乗りの船（船主不明）が漂流し、カムチャツカのカリギル湾に漂着、四人が殺され二人が死亡。三右衛門（サニマ）は日本語教師として伝兵衛の助手をつとめる。	幕府、新井白石が起草した「武家諸法度」を公布 ロシア、オスマン国と戦争
一七二八（享保十三年）	薩摩の「若潮丸」（十七人乗り）が大坂へむかう途中、遭難。翌年、カムチャツカ半島のロパトカ岬に漂着。十五人が殺害され、宗蔵、権蔵は日本語教師をつとめる。	幕府将軍・吉宗、日光東照宮に参詣 ベーリング海峡発見される
一七四四（延享元年）	南部船「多賀丸」（十八人乗り）が江戸へ航行中漂流し、千島列島オンネコタン島に漂着。生存者は十人で一部の者が日本語学校の教師	幕府、神田佐久間町に天文台を設置 インドで英仏植民地戦争始まる

	となる。	
一七八二（天明二年）	伊勢国の神昌丸（十七人乗り）が遠州灘で漂流、翌年アリューシャン列島に漂着。十二人が死亡、庄蔵と新蔵がロシアに残留し、寛政四年、船頭光太夫と小市、磯吉が遣日使節ラックスマンに伴われて蝦夷（北海道）に帰還。	幕府、印旛沼干拓を開始 ラクロ『危険な関係』出版
一七八五（天明五年）	土佐の松屋儀七船（五人乗り）が漂流し、無人島（鳥島）に漂着。長平一人のみ生き、十二年目に江戸に帰還。	幕府御普請役、蝦夷地調査 「ザ・タイムズ」紙創刊
一七九三（寛政五年）	奥州石巻の「若宮丸」が漂流、翌年アリューシャン列島に漂着。病死する者もいて、文化元年、津太夫ら四人が遣日使節レザノフの船に乗せられて長崎に帰着。	幕府目付、遣日使節ラックスマンと会い、長崎入港許可を与える 林子平獄死 ルイ十六世刑死
一八一三（文化十年）	名古屋船「督乗丸」（十四人乗り）が遠州灘で破船。漂流中に十一人が死亡し、沖船頭重吉ら三人が文化十二年にイギリス船に救助され、さらに一名が病死、翌年重吉と音吉が帰還した。	小林一茶、信濃に帰郷 プロイセンとオーストリア、フランスに対し宣戦布告

一八四一（天保十二年）	土佐国の漁船（五人乗り）が操業中に漂流、アメリカの捕鯨船に救出され、その中の万次郎（ジョン・マン）はアメリカで教育を受け帰国。	天保の改革始まる 渡辺崋山自死 イギリス、アモイ等を占領
一八四五（弘化二年）	種子島に罪人として流されていた講釈師瑞竜ほか三名が島抜けをして漂流し、清国に漂着。清国船で長崎に帰着したが、罪の発覚を恐れて破獄。捕われて一人は獄死、瑞竜ら二名は死罪、一人は行方知れず。	幕府老中・水野忠邦辞職 幕府、海防掛を創設 アメリカ、テキサスを併合
一八五〇（嘉永三年）	摂津国の「永力丸」が江戸へむかう途中、遭難して漂流、アメリカ船に救出される。その中の彦蔵はアメリカで教育を受け、大統領リンカーンと会うなどしてジョセフ・ヒコと改名、漂流九年後に日本へ帰着。	高野長英自刃 太平天国の乱起こる バルザック没
		（この項目は、岩波書店『日本史年表』『日本文化総合年表』を参考にいたしました）

参考文献

『環海異聞　本文と研究』大槻玄沢・志村弘強編　杉本つとむ他解説　八坂書房
『環海異聞』大槻玄沢・志村弘強著　池田晧解説・訳　雄松堂出版
『長崎志』続編　巻十三之上
『通航一覧』第七　国書刊行会
『初めて世界一周した日本人』加藤九祚著　新潮選書
『漂流民とロシア』木崎良平著　中公新書
『日本滞在日記』レザーノフ著　大島幹雄訳　岩波文庫
『日露交渉史話』平岡雅英著　筑摩書房
『ロシア人の日本発見』S・ズナメンスキー著　秋月俊幸訳　北海道大学図書刊行会
『日本人漂流記』川合彦充著　社会思想社・現代教養文庫
『図説・和船史話』石井謙治著　至誠堂

吉村 昭 1927(昭和2)年東京生まれ。作家。著書に『ふぉん・しいほるとの娘』(吉川英治文学賞)、『破獄』(読売文学賞)、『冷い夏、熱い夏』(毎日芸術賞)、『天狗争乱』(大佛次郎賞)など。

Ⓢ新潮新書

002

漂流記《ひょうりゅうき》の魅力《みりょく》

著 者 吉村《よしむら》 昭《あきら》

2003年4月10日 発行

発行者 佐 藤 隆 信

発行所 株式会社新潮社

〒162-8711 東京都新宿区矢来町71番地
編集部(03)3266-5430 読者係(03)3266-5111
http://www.shinchosha.co.jp

印刷所 錦明印刷株式会社
製本所 錦明印刷株式会社

ISBN4-10-610002-9 C0221